# 英语学习活动观下的初中阅读教学设计与实施

符丽雪◎编著

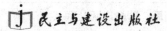
民主与建设出版社

·北京·

**图书在版编目（CIP）数据**

英语学习活动观下的初中阅读教学设计与实施 / 符丽雪编著. — 北京：民主与建设出版社，2020.8

ISBN 978-7-5139-3140-3

Ⅰ．①英… Ⅱ．①符… Ⅲ．①英语—阅读教学—教学设计—初中 Ⅳ．①G633.412

中国版本图书馆 CIP 数据核字（2020）第144510号

## 英语学习活动观下的初中阅读教学设计与实施

YINGYU XUEXI HUODONGGUAN XIA DE CHUZHONG YUEDU JIAOXUE SHEJI YU SHISHI

| | | |
|---|---|---|
| 编　　著 | 符丽雪 | |
| 责任编辑 | 刘　芳 | |
| 封面设计 | 姜　龙 | |
| 出版发行 | 民主与建设出版社有限责任公司 | |
| 电　　话 | （010）59417747　59419778 | |
| 社　　址 | 北京市海淀区西三环中路 10 号望海楼 E 座 7 层 | |
| 邮　　编 | 100142 | |
| 印　　刷 | 北京政采印刷服务有限公司 | |
| 版　　次 | 2022 年 6 月第 1 版 | |
| 印　　次 | 2022 年 6 月第 1 次印刷 | |
| 开　　本 | 710 毫米 × 1000 毫米　　1/16 | |
| 印　　张 | 11 | |
| 字　　数 | 198 千字 | |
| 书　　号 | ISBN 978-7-5139-3140-3 | |
| 定　　价 | 45.00 元 | |

注：如有印、装质量问题，请与出版社联系。

应符丽雪老师的邀约，我欣然为其新书《英语学习活动观下的初中阅读教学设计与实施》作序。

我与符丽雪老师相识多年，知道她一直潜心于中学英语教学的实践与研究，不为名、不计利，默默耕耘。她带着区内英语教师研究中考英语有效教学与备考模式构建策略，于2017年出版了第一本书《基于话题下的中考英语复习模式构建研究》。

近几年，她在自身不断成长的同时，肩负起新的责任与使命。她于2018年成立了名师工作室，培养年轻英语骨干教师。成立至今，她带领工作室成员们积极实践、大胆探索。借着新一轮课程改革的东风，符丽雪名师工作室团队以"英语学习活动观下的初中阅读教学设计与实施"为研究主题，通过选取上海教育出版社义务教育教科书中不同文体的典型语篇作为研究案例，通过行动研究及案例研究，在不断实践、反思、总结的基础上撰写了《英语学习活动观下的初中阅读教学设计与实施》一书。

在书稿的写作过程中，符老师及其团队成员不仅改变了自身课堂教学的实效，帮助学生提升了英语阅读能力，丰富了内心世界，拓宽了文化视野；更重要的是，通过真正意义的任务驱动实现了教师的专业成长和教研师资队伍的建设。

当然，研究"英语学习活动观下的初中阅读教学设计"，不是为了确定一种新的阅读教学模式，而是为了追求学生阅读效益的最大化。她们团队的实践行为和成果为初中英语阅读教学的新途径起到了示范和引领作用。

　　我想，正是因为有了像符老师一样立足于教学一线的教学名师和工作室团队，才使教育得以百花齐放并且无限芬芳。

　　为此，我很高兴作为该书的第一位读者，分享她们的教研成果。希望更多中学英语教学界同行能从此书中受益，并在日常教学中善于发现问题，在教学理论的指导下，努力解决问题，使得我们的中学英语教学水平不断提高！

　　　　　　　　　　　　华南师范大学外国语言文化学院副院长　徐曼菲

　　　　　　　　　　　　　　　　　　　　　　　　2019年12月10日

阅读对于人的发展的重要性不言而喻，人们认知世界、丰富思维、形成观点等都需要以大量的阅读作为基础。正如一句英语名谚所说：Think before you speak, read before you think.（在说话前进行思考，在思考前进行阅读）。阅读是读者用自己的语言体验和思维能力去感知、理解文本，并与作者交流思想的过程。它不只是为了获得英语知识，更是为了丰富自我，因此，阅读教学在英语教学中显得尤为重要。

而随着《普通高中英语课程标准（2017年版）》的颁布（以下简称新《课标》），阅读教学作为文化和语篇输入的重要途径，其作用更加不言而喻。阅读教学目标更是从知识能力取向向学科核心素养取向转变，教学过程也从单纯的扫读、略读叠加转向凸显系统性、关联性、渐进性的整体活动链设计。阅读教学目标的转变要求教师与时俱进，转变观念、转变教学行为。

为了达到此目标，各省、市、区教育教研部门举办了各种类型的培训与教研活动。初中英语教师们虽然也积极参与培训，但在行动上真正开始践行新《课标》教学理念的教师并不多。究其原因，一是教师们认为自己离新《课标》还很远；二是在实际教学中，能效仿的"新课程标准理念下的初中教学案例"较少，他们不知该如何实施。故许多教师仍在观望，仍在等待，在教学中仍是穿新鞋走老路，在初中英语阅读教学中仍缺乏文本意识、缺乏目标意识、缺乏整体意识，将阅读课上成了练习课，将阅读课上成了语言知识讲授课，使得阅读课无趣无味的现象仍较为严重。

前言

我在认真学习了《普通高中英语课程标准（2017年版）》及拜读了北师大王蔷教授、张秋会等老师发表在《中小学外语教学研究》《基础外语教育》等期刊上的有关英语学习活动观的系列文章后，深受启发，开始带领工作室成员以初中英语阅读教学为切入点，尝试进行英语学习活动观下的初中阅读教学设计，以实际行动真正走进新课改。

我们将研究主题定为"英语学习活动观下的初中阅读教学设计与实施"，主要研究英语学习活动观的理念，英语学习活动观下实施初中阅读教学的意义、实施的原则、实施的步骤，英语学习活动观下初中几种主要文体阅读教学的设计理念与思考，等等。在研究主题的统领下，我们参考上海教育出版社义务教育教科书中的阅读教学类文章，同时结合学生的实际情况，选取教育出版社义务教育英语教材六册书中不同文体的典型语篇作为案例设计与实施内容，如口语类语篇、记叙文语篇、说明文语篇、应用文语篇、议论文语篇。

本研究正是基于这样的研究假设——英语学习活动观下的初中阅读教学能改变现今阅读教学中的一些问题，有助于落实学科核心素养本研究的特点如下：一是采用文献研究法。工作室成员根据规定的阅读书目完成相应的阅读，并围绕自己的研究方向查找相应资料，完成文献检索。二是采用行动研究的方式，深入一线课堂，在课堂中查找问题、印证假设，并撰写、修正设计。三是用大量的案例说话，用教学反思改进、完善教学设计。

我们确定了自己的研究思路：提出问题并思考—文体特征分析—课例实践—课例反思—收获及展望。通过多次打磨，工作室的研究成果《英语学习活动观下的初中阅读教学设计与实施》最终产生了。

在一年多的研究中，所有工作室成员，包括部分网络室成员，用读书沉淀自己，用行动践行理念，用反思查找问题。大家都很投入，都很辛苦，都是在繁忙的学校工作之余，艰苦完成各自研究的。由于此研究与平时的常规教学紧密相关，能改进我们的教学，所以，即使有时我们研究、打磨课例到深夜，但大家都毫无怨言。

在这个过程中，我们得到了华南师范大学外国语言文化学院副院长徐曼菲、朱晓燕教授的大力支持和鼓励。朱晓燕教授多次为广州市黄埔区的英语教师，为我们工作室的成员开设讲座，如"核心素养背景下对中学英语教师提出的教学能力要求"。徐曼菲副院长更是亲自为此书作序，并以"不同文体下语篇分析能力的提升"为题为我们做辅导报告。同时两位教授还为工作室成果的提炼提出了宝贵的指导性意见。她们的肯定和支持使我们更加坚定了研究的信心及研究的方向。

正如徐曼菲副院长所说，教师深入解读文本的能力与阅读教学的成功实施息息相关，好的教学设计与实施又直接影响学生学习的成效。我们希望英语学习活动观理念下的初中阅读教学设计尝试能解决教师们对教材利用不足、表面化处理的问题，能解决学生思维能力培养的问题。希望这样的设计能给广大教师提供一条使学科核心素养在阅读教学中真正得到落实的有效路径。

符丽雪

2020年5月

# 目录
CONTENTS

## 概述篇

## 思考篇

# 案例精选篇

# 概 述 篇

　　《普通高中英语课程标准（2017年版）》（下称新《课标》）提出了指向学科核心素养发展的英语学习观，明确活动是英语学习的基本形式，是学习者尝试运用语言理解与表达意义，培养文化意识，发展多元思维，形成学习能力的主要途径。

　　本书的概述篇为整本书的导读。这部分的撰写从当前初中英语阅读教学中的常见问题出发，如主题语境意识缺乏、目标意识缺乏、层次性缺乏、文体意识缺乏等，引出英语学习活动观的概念及特征，然后根据这些特征并结合上海教育出版社义务教育初中英语教材中的具体课例及实践，阐述了在英语学习活动观下实施初中英语阅读教学的意义、实施的步骤及原则。

# 初中英语阅读教学中的常见问题

　　随着阅读题分值在终结性评价（如高考、初中学业水平测试）中所占比例的逐步加大，一线教师对英语阅读教学的研究越来越重视。在教学中，他们比以前更重视阅读策略的指导，也比以往更重视对文本的指导，阅读课堂教学效果也较以前有较大改进。但这不代表教学中的常见问题如教学策略问题、文本分析问题得到了彻底解决，也不代表没有其他问题了。究其原因，一是教师对教材处理表面化，较少引导学生参与高阶思维活动，如参与解释、分析、应用、呈现问题等活动；二是教学设计过于模式化，千人一面，甚至完全照搬某些配套课件，教师对阅读文本缺乏深入思考及精心设计，阅读教学的实效性低。

　　现以上海教育出版社义务教育教科书中的几节典型初中英语阅读课为例，分析初中英语阅读教学中存在的常见问题。

## 一、缺乏主题语境意识，没有在语境中识记及运用单词

**【教学案例1】**

　　**案例描述及问题分析：**（本书以下图片中的案例都是取自一线教师的教学实录。）下图中教师使用的是一种"希沃白板"游戏学习软件，在此游戏中学生可以抢答抢读单词。（见图1）这种单词学习与记忆的方式看似热闹、前沿，但其实是在现代信息技术遮掩下的中译英学习单词的旧方法。这种单词学习方式因为没有基于主题语境实现单词音、形、义的结合，只能解决短时记忆的问题，学生会很快忘记。

When I was young, I liked to buy <u>silver</u> doorbells. （　　　　）

A. 银色的　　　　　　　B. 闪光的　　　　　　　C. 暗色的

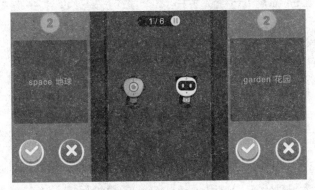

图1 "希沃白板"单词游戏

而如下所示的七年级上册Unit 8单词教学实录是让学生在句子的语境中猜测单词的中文意思，因为不是基于阅读篇章语境，学生在这个暗示不够的句子语境中是很难猜对单词意思的。这种单词学习的方式看似有语境但却是无效的。

这几种现象在日常教学中并不少见。教师们用图片、造句的方式呈现词汇的意义和用法，但这些单词呈现的语境与文章语篇主题背景不相关。教师有时甚至根本没有提供任何语境，单词呈现较随意，且没有在阅读前对文章中的新词划分识记类别（可猜出词义的词汇、不可猜义且影响理解的词汇、不易猜义但不影响理解的词汇）。还有更甚者，会在导入环节进行全方位的单词扫障或花半节课的时间提前解决单词。他们会按照词汇表的顺序逐个拼读单词的读音、讲解词汇的意义及构词法。比较常见的观点是，他们认为每个单元的生词太多，集中处理可以去除学生在阅读中的畏难情绪，实现无障碍阅读，阅读难度会随之降低，减负增效。

但从教学实效性来看，这样做一方面耗时过多；另一方面不能训练学生在较为真实的主题语境下的猜词能力和在一定语境下运用词汇的能力。学生到考试时一看到阅读材料中生词多就害怕，因为在平时的阅读课上很少遇到生词，或他们早已习惯在课堂上听老师讲解生词了。

## 二、缺乏目标意识，教学目标不能有效引领教学活动

**【教学案例2】**

**1.七年级上册Unit 3　The Earth中Reading的教学目标**

（1）培养阅读微技能，如扫读，获取文章大意；通过构词法或上下文猜测词义；等等。

（2）掌握下列单词和短语。（略）

（3）认识保护地球的重要性，提高环境保护的意识，树立清洁地球的理念。

**2.七年级上册Unit 5　Visiting the Moon的教学目标**

（1）认读和理解单词breathe, camera, float, diary, gravity, lcave, nervous, space, spaceship, spacesuit, tie, weak, without及短语be able to, have to, more than, take photos等。

（2）能根据阅读篇章提供的信息，回答相关的问题并填表格。

（3）初步了解表示一般将来时"will+动词原形"和"be going to +动词原形"的结构。

**案例描述及问题分析：**从教学案例2中，我们看到了较为常态的教学目标描述：①培养阅读微技能，如扫读，获取文章大意；通过构词法或上下文猜测词义；等等。②掌握下列单词和短语……看到这样空泛且放之四海而皆准的目标，感觉一节课就是学习了一些单词、阅读了课文并回答问题、初步了解了一些语法现象。因为教学目标随意且与教学活动分离，教师会较随意地将一些阅读问题放在几个固定的步骤里（这些步骤包括pre-reading—while-reading—post-reading，而while-reading又由skimming-scanning-detailed-reading组成），扫读、略读问题叠加。教师比较常见的观点是只要学生答对阅读理解题，获取文章大意，通过构词法或上下文猜测词义的目标也就达到了。至于教学目标与教学活动之间的关系，如通过哪个教学活动培养学生的猜词能力等，教师是没有考究的。原因是，许多教师没有深刻认识教学目标的作用，没有深入思考每个教学环节下的具体目标是什么，以及怎样才能达到这些目标。而没有具体目标指引的教学，必然导致阅读活动设计的随意性。因为只有具体的教学目标才能制约教学过程、方法和师生的课堂活动方式，这对教学行为的科学化具有决定性意义。

## 三、缺乏层次性意识，不利于培养学生的思维能力

【教学案例3】

七年级上册Unit 4　Reading

Step 1　Scanning.

(　　) 1. When does the weather start to get warm? _____.

　　A. In spring　　　　B. In summer

　　C. In autumn　　　　D. In winter

(　　) 2. In summer, _____ according to the passage.

　　A. it is exciting to take a trip

　　B. it is nice to eat ice-cream

　　C. it is nice to go on a picnic

　　D. it is interesting to make snowmen

(　　) 3. What is the weather like in autumn?_____.

　　A. It is hot　　　　B. It is cool

　　C. It is cold　　　　D. It is wet

(　　) 4. Which of the following is mentioned（提及）in winter?_____.

　　A. Go on a picnic　　　　B. Go to the beach

　　C. Take a trip　　　　D. Spend time with relatives

(　　) 5.The writer writes the passage to _____（写作目的）.

　　A. introduce places　　　　B. show hobbies

　　C. introduce seasons　　　　D. show activities

Step 2　Detailed-Reading

Read the article and fill in the table below.（见表1）

表1　The four seasons change

| Seasons | Weather | Changes | Activities |
|---------|---------|---------|------------|
| Spring | It starts to _____. It often _____. The wind _____. | Plants _____. Everything _____. | It is exciting to _____. |

| Seasons | Weather | Changes | Activities |
|---------|---------|---------|-----------|
| Summer | It is _____ and_____.<br>The Sun _____. | | 1. People like to _____ and _____.<br>2. It is nice to _____. |
| Autumn | It is _____. | Leaves _____. | It is nice to_____. |
| Winter | It is often _____. | | 1. Children love to _____.<br>2. It is interesting to _____.<br>3. People usually _____. |

Step3　Comprehension: Finish exercise D1 on P47.

Post Reading:

Guess which is your favourite season according to the video.

**案例描述及问题分析**：在教学案例3中，该教师的任务设计过于简单，大部分任务仅仅是处理文本浅层信息，学生基本无须思考，甚至无须看懂文章，只须凭借常识就能从文中直接找到答案，如Step 1 Scanning环节中的第1、2、3题都是常识性问题，学生无须阅读无须思考就能答出。而Step 2 Detailed-Reading中的任务，学生只要在空格中填一到两个课文中的单词即可完成任务，基本也无须思考。而且Step 2与Step 3中的有些任务是重复的。这两个环节均设置了许多识记层次的阅读任务，且该设计中仍有许多这种层次的练习，这对启发思维、培养学生深层思维能力毫无意义，教学效果较低。

究其原因，是因为阅读理解中问题设置缺乏层次性，教师不知如何就文本内容做深层次的思考。故出现了案例中任务过多堆砌但又过于简单的现象，而这些缺乏层次性的问题是无法锻炼学生的思维品质的。

## 四、缺乏文体意识，忽略了对篇章结构的分析及点拨

**【教学案例4】**

八年级上册Unit 4　Great Inventions

★Part 1　Reading Comprehension

First reading:

Task 1: Read the first part of the article, match the left part with the right part.

（见图2）

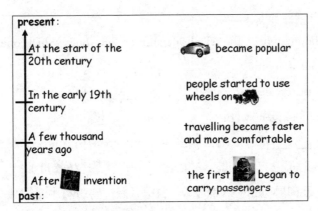

图2 阅读文章第一段——时间轴

Task 2: Read the second part of the article, choose T or F.

(          ) 1. Since 1879, people have been able to speak to each other over long distances. (T/F)

(          ) 2. Phones make people communicate with each other at anytime, at anywhere. (T/F)

Task 3: Read the third part of the article, answer the questions.

1. What did people have to use to see at night before the invention of the light bulb?

2. Why are light bulbs important?

**Second reading:**

Task 3: Read the whole article again and complete the information card below with your partners. （见表2）

表2　Great Inventions

| Inventions | the Wheel | the telephone | the Light Bulb |
|---|---|---|---|
| Inventor | unknown | (4) _____ | (8) _____ |
| Time of Invention | (1) _____ | (5) _____ | (9) _____ |
| Life after the invention | Travelling became (2) _____. It led to the inventions of (3) _____. | People have been able to (6) _____. They allow people to (7) _____. | With light bulbs, people can (10) _____. |

Task 4: Discussion.

Among the the wheel, the telephone and the light bulb, which one is the greatest invention in your opinion?

_____ is the greatest invention because _____.

(1) Before the invention of _____, people _____.

(2) With _____, people can.../ Since then, people have been able to...

(3) Without _____, people would not _____.（选择性用）

**案例描述及问题分析：** 在教学案例4中，教师将教材中看似独立的三个小说明文拆分为三个部分，通过设置不同的练习帮助学生理解文章，然后通过表格再次帮助学生理解文章，一堂课的大部分时间（40分钟的课堂时间花了30分钟）都在帮助学生理解阅读材料。Task 1 中的匹配练习还是不错的，能通过时间轴将第一部分的小说明文结构化。Task 3也能通过表格帮助学生形成整个篇章的内容结构，但遗憾的是教师在学生完成这些练习，基本了解文章大意后，没有对文章的整体篇章结构及说明文的语言特征进行梳理。这是比较典型的说明文，三篇小短文的语言展开方法不一样，有些使用时间顺序展开,如Task1中的时间轴所列，有些使用了比较、隐喻等方法，而这些需教师帮助学生显性地分析出来，否则浪费了文章的体裁，学生在输出活动时也不可能很好地效仿。

**【教学案例5】**

八年级上册 Unit 7　Reading：Memory Corner（见图3）

**Henry** 🔊

A great way to help you remember something is to imagine a picture of it in your mind. If you make the picture big, strange or silly, you will remember it better. For example, to remember the word "smiles", we can imagine there is a "mile" between the first letter and the last letter. This makes it the longest word in the world. Remember; a picture is worth a thousand words.

**Paula** 🔊

A good method for remembering the spelling of a word is to make a short sentence with each letter of the word. For example, if you want to remember how to spell the word "because", you can use the sentence "Big elephants can always understand small elephants".

**Millie** 🔊

You will forget something very quickly unless you understand it well. For example, you may have trouble remembering the list of steps in the water cycle. However, it is easier to remember these steps if you understand how the water cycle works.

图3　8A Unit7　Reading：Memory Corner课文图片

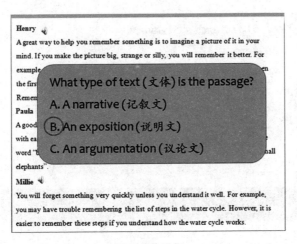

图4 文体设问

案例描述及问题分析：在教学案例5中，教师能通过问题"What type of text（文体）is the passage"引起学生对文体的关注。（见图4）但该教师对文体结构的分析也只是止于这个问题，而没有根据说明文的特点引导学生观察题目、思考语言内容，也没有引导学生观察语言特点，更没有在设置阅读任务时将这些思考放进去，让学生在观察、思辨、对比中感知、归纳说明文的特点。因为仅仅告诉学生，他们是不会真正掌握这一文体特点的。

## 五、缺乏整体意识，输出活动与输入活动的相关性不大

【教学案例6】

八年级上册Unit 5　Reading：An Exchange Visit is Educational and Interesting

★Post reading

My son is a student in grade 6 at a primary school, and I want him to go to America as an exchange student at 15.

Q: What are the requirements for him to be an exchange student?

Answer in this way:

I think he should be.... because...

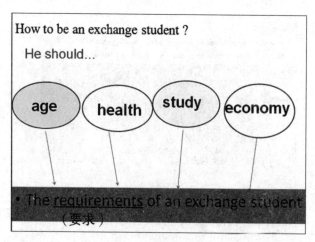

图5　读后任务

**案例描述及问题分析：**在教学案例6中，该教师设计的任务 "What are the requirements for him to be an exchange student?" 见图5虽然看似与文章主题相关，但因为文章的主题讲的是 "an exchange visit is educational and interesting" 而不是 "how to be a good exchange student"。从题目An Exchange Visit is Educational and Interesting 及文章内容来看，这是一个关于教育交流项目的记叙文，有时间、地点、人物等记叙文要素。而教师最后产出部分的任务却是让学生从几方面，如age、health、study、economy方面等介绍 "how to be a good exchange student"，由于谈论的主题不同，学生可从输入环节借鉴的语言、文体结构不多，输出效果不好。

该教师的读后任务设计偏离了文本主题，忽视了本节课的输入内容，导致语言输入与语言输出不一致，关联性不大，同时他违背了读后语言输出环节应侧重深化主题内容、巩固所学语言的设计原则。教师在做教学设计时缺乏整体意识。

以上笔者列举了在初中英语阅读课堂教学观课中所看到的一些问题，包括未在主题语境中学习及运用词汇、缺乏文体意识、缺乏整体意识、缺乏目标意识等，具有一定的普遍性。要解决这些问题，我们需要寻找新的思路和教学途径，只有这样才能真正提高初中英语阅读教学的有效性，也才能使学科核心素养在初中英语阅读教学中真正得以落实。

# 英语学习活动观的概念及特征

## 一、英语学习活动观的概念

英语学习活动观是指学生在主题意义的引领下，开展学习理解、应用实践、迁移创新等一系列体现综合性、关联性和实践性等特点的英语学习活动，使学生基于已有的知识，依托不同类型的语篇，在分析问题和解决问题的过程中，促进自身语言知识学习、语言技能发展、文化内涵理解、多元思维发展、价值取向判断和学习策略运用。这一过程既是语言知识与语言技能整合发展的过程，也是文化意识不断增强、思维品质不断提升、学习能力不断提高的过程。

英语学习活动观产生于特定的课程改革背景下，其内涵将随着时代发展不断丰富。学习活动观体现了语言学习的活动本质和学生的主体性，体现了工具性价值和人文性价值融合统一的语言教育观，为创建有中国特色的外语教育提供了新的思路。

## 二、英语学习活动观的特征

英语学习活动观的三个基本特征：

### 1. 指向学科核心素养发展

明确活动是英语学习的基本形式，是学习者尝试运用所学语言表达个人观点和态度，并通过运用各种学习策略，提高理解和表达效果，培养文化意识，发展多元思维，形成学习能力的主要途径（见图1）。

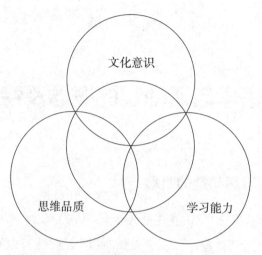

图1　英语学习活动观的特征（1）——指向学科核心素养发展

## 2. 重视课程内容的整合性学习

教师应设计综合性学习活动，围绕主题语境，基于口头和书面等多媒态的语篇，设计有层次的活动，帮助学生在活动中习得语言知识，运用语言技能，阐析文化内涵，比较文化异同，评析语篇意义，形成正确的价值观和积极的情感态度。（见图2）

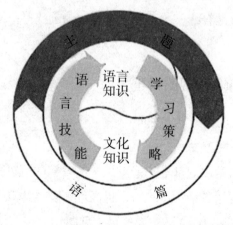

图2　英语学习活动观的特征（2）——重视课程内容的整合性学习

### 3. 体现认知和运用维度

教师应通过学习理解—应用实践—迁移创新等层层递进的语言、思维、文化相融合的活动，引导学生加深对主题意义的理解，使其尝试在新的语境中运用所学语言和文化知识，分析问题、解决问题，创造性地表达个人观点、情感和态度。（见图3）

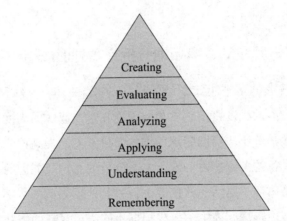

图3 英语学习活动观的特征（3）——体现认知和运用维度

# 英语学习活动观下初中阅读教学实施的意义

## 一、引导教师主动、有效地分析文本并形成结构化知识

教师文本解读的水平决定了教学设计的效果，也直接影响学生学习的体验程度、认知发展的维度、情感参与的深度和学习成效的高度。因此，提高文本解读能力是教师基于语篇内容培养学生学科素养、提高课堂教学实效和学生学习质量所应具备的关键能力。缺乏文本分析的意识及能力的教师，无论阅读材料是何种语篇体裁（对话、故事等），对其处理方式基本都一样，即教师以讲解与检测课文理解情况为主，较少根据不同语篇材料的体裁、题材特点，设计相应的教学活动，同时教师也没有意识引导学生关注语篇的篇章结构，更少引导学生关注篇章衔接手段和方式并将之作为口头语及书面写作模仿学习的范式。许多教师对"什么是文本分析""为什么要进行文本分析"及"如何做文本分析"不甚了解。教师备课的顺序基本是：先浏览阅读文章内容，然后确定本课的教学目标，接着根据目标确定教学重难点，再接着就是进行教学活动设计。而基于英语学习活动观引领下的阅读教学设计的第一步就是要求教师首先对阅读语篇进行全面、深入的解读，然后根据文本内容，帮助学生自主形成文本的结构化框架，这样的步骤就是引导教师主动地、深入地开展文本分析，并为后续的学习活动设计做好铺垫。

## 二、改变教学目标被虚化的现象

教学目标既是教学的出发点也是教学活动的最终归宿。教学目标定位是否准确合理，以及实施是否有效，直接关系英语课堂教学的质量。许多教师在制定教学目标时，经常无话找话，为写而写，甚至有教师在教学活动设计完成后

才撰写教学目标。这样制定出来的教学目标是不可能对教学形成真正指引的。目标制定与实际教学变成了两张皮，教学目标的引导性和操作性不强。教学目标被虚化或弱化的问题很严重，而英语学习活动观下的教学目标制定要求遵循活动观的三个层次，要能够反映学生对文本意义探究的过程，要体现核心素养四要素的相互渗透、关联融合和协调发展。它引领教师制定教学目标时要对应教学活动的三个层次：容易操作，容易达成，容易评价。

## 三、改变阅读教学活动设计层次性不明显的问题

英语学习活动观下的学习活动分为学习理解、应用实践、迁移创新活动。活动观的三个层次体现了思维逐渐进阶的过程，它能很好地改变目前初中英语阅读教学活动层次性不明显的问题。现在的初中英语阅读教学，大部分学生对于文章的理解仍止于信息理解。教师因为怕学生没有很好地理解课文内容，会花大量时间设计很多活动帮助学生理解课文内容。而这些活动其实是重复、重叠的，学生在这个过程中，只是忙于做题而并没有体验到阅读的快乐、思维的进步。英语学习活动观下的阅读教学，表层信息理解属于学习理解活动的一个环节，它只是其他教学活动的铺垫及引入。英语学习活动观下的学习活动能较为明确地引领教师设计层次分明的教学活动。

## 四、改变思维品质培养流于形式的问题

《义务教育英语课程标准（2011年版）》强调，英语课程承担着培养学生基本英语素养和发展学生思维能力的任务。但在实际教学中，教师在教学理念、教材编写、教学评价等方面存在问题，教师对学生的思维培养关注不够，流于形式。英语学习活动观强调思维品质的培养。活动观的三个层次体现了思维逐渐进阶的过程。教师可以结合文本解读及活动观的三个层次，围绕主题，形成思维训练的逻辑链，在教学中通过有质量的问题设计逐步培养学生的思维品质。

## 五、改变忽略对文本主题意义探究的现状

英语学习活动观强调对意义的探究，教师要改变脱离语境的知识学习和碎

片化教学方式，把主题意义探究作为教学活动的主线。许多初中英语教师在处理文本材料时，经常忽略对文本主题意义的探究。不管是什么题材、什么主题的文章，他们关注的重点基本都是一样的，只要能帮助学生理解文章大意，搞懂语言知识点就基本万事大吉了。因为缺乏对文本的深入分析，所以对于文本的主题、主题意义及其与教学活动的联系，没有做深入思考，从而造成阅读教学碎片化现象严重，阅读教学缺乏深度、缺乏趣味，更缺乏价值观的引领的现状，学生的情感态度与价值观很难得到有效培养。而英语学习活动观引领下的阅读教学，特别强调对主题意义的探究，它在文本解读环节引导教师关注主题和内容、主题和作者、文体和语言。通过这样的分析，教师才能有意识地去思考文本的主题意义是什么，承载的价值取向是什么，也才能在教学实践中把对主题意义的探究作为教学活动设计的主线。

# 英语学习活动观下初中阅读教学设计实施步骤

在拜读了北师大王蕾教授、北京市密云区巨各庄中学张秋会老师、北京教育科学研究院基础教育教学研究中心蒋京丽老师发表在《中小学外语教学研究》（2019年1月）上的文章《在初中英语阅读教学中落实英语学习活动观的实践》后，工作室成员深受启发，结合工作实际，梳理出以下教学设计实施步骤（见图1）。第一步是文本解读通过自己的实际去走进文本，走近作者，形成自己对文本的理解；第二步是学情分析对学生在学习方面特点，学习方法、习惯、兴趣等方面进行分析，并在教学设计中将学生优势展现出来；第三步结合文本分析与学情分析的情况制定教学目标；第四步是根据目标开展三个层次的学习活动设计，完成从理解语篇知识到内化语篇知识，再到超越语篇知识的有关联性、层次性、综合性的主题探究活动，从而培养学生的逻辑思维能力；根据当堂课的知识内容，设计出的符合逻辑的思维结构图，从而培养学生批判性思维能力；要求学生提出问题或自己设计思维结构图。使学生以自己的设计思路去理解当堂课内容，既让学生学会学习，又培养了学生的创新性思维能力，最终引导学生形成正确的价值观。

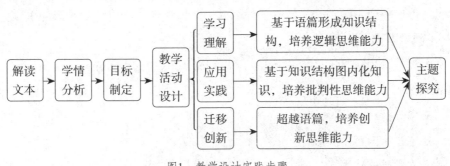

图1　教学设计实践步骤

# 英语学习活动观下初中阅读教学实施原则

英语学习活动观的提出为整合课程内容、实施深度教学、落实课程总目标提供了有力的保障，也为变革学生的学习方式、提升英语教与学的效果提供了可操作的途径。但要顺利实施活动观下的阅读教学，须遵循以下教学原则。

## 一、深入性原则

这里的深入性原则指的是教师对教材的深入钻研，特别是对教材中阅读文本材料的深入研究。对文本的深入解读是活动观下阅读教学的首要环节，也是后续学习能否达到深度开展的关键。教师可从五个角度、三个层面深入解读和梳理文本，把握文本的主题意义，梳理出结构化知识并解读出各个环节是如何为主题意义服务的，以形成深入而独特的见解，从而更好地围绕主题开展教学。五个角度指的是，文本的主题、内容、文体结构、语言特点、作者观点。三个层面指的是，主题和内容（What）、主题和作者（Why）、文体和语言（How）。在进行文本分析时可围绕以下问题展开思考，即文本的主题和内容是什么，它的深层含义是什么，承载的价值取向是什么，作者为了有效并恰当地表达这样一个主题意义，选择了什么样的文体形式、语篇结构和修辞手段。

【教学案例1】

上海教育出版社七年级下册Unit 6　Electricity中的Reading：Electricity All Around。

文本分析：

1. 主题和内容（What）

本文主要讲述了Benny故意让Daisy帮他买一包电，Daisy答应帮忙后，遭到

Benny的嘲笑。Benny对于电的理解与Daisy有分歧，后通过与爸爸妈妈的交流，以及Daisy最后买到的东西验证了Daisy没有理解错。通过人物间的对话，文章不但介绍了家里的电是如何流动的，也利用文章中矛盾冲突的幽默，点明了阅读文章的主题"electricity all around"。同时告诉读者不要随意下结论，嘲笑别人，文体上兼具叙述性和介绍性。

**2. 主题和作者（Why）**

作者借文中人物间的对话介绍了家里的电是如何流动的，同时点明了主题"electricity all around"，即我们身边的电无处不在 。作者还通过人物间的对话呈现了人物的性格，也通过幽默的对话表达了不要随意下结论的感悟。

**3. 文体和语言（How）**

该文章按照典型的口语体展开，文章用了大量的对话体语言，如使用缩写：I'm going to...She'll look foolish；文中出现大量的said、asked、replied、added等引导对话的动词。因为是口语语篇，而且涉及购物，所以出现一些含有情态动词的问句，如"Can you get me…?""May I….?"用一般现在时说明电是如何产生的这个常态物理现象，用一般将来时表达人物的活动。除了时态的交叉使用，文中的配图用直观效果辅助介绍了文本中情节的发展。语篇结构具有说明文介绍的特点，同时穿插记叙文为辅线描述幽默故事的简单经过。

**设计意图**：本案例的文本分析是从五个角度、三个层面展开的。首先，梳理出文本的主题和内容、表层含意、深层含意及承载的价值取向。其次，分析了作者为了有效并恰当地表达"electricity all around "这样的主题意义而选择的文体形式、语篇结构和修辞手段。这样的文本分析是深入的，有利于教学目标的确定及后续教学活动的设计。

## 二、精准性原则

精准性原则指的是对教学目标的精准设计及定位。教学目标的精准定位与活动设计的有效性，存在着相互依存的关系，两者应互为对应，教学目标要依靠具体的活动达成，具体活动要以精准的教学目标为指引，这样才能保障英语阅读课堂教学的质量。英语学习活动观下的阅读教学目标，要围绕活动观的三个层次进行设定，这三个层次包括学习理解、应用实践、迁移创新；要反映学生对文本主题意义探究的过程，体现核心素养四要素的相互渗透，关联融合。教学目标的陈述最好使用动词，如获取、梳理、分析、概括等；同时要以活动和行为的方式一一呈现教学目标，避免大话套话。教学目标的陈述既要强调学习过程，也要显示学习结果，使教学活动既易于操作执行，也便于评价。

**【教学案例2】**

上海教育出版社七年级下册Unit 6　Electricity中的Reading：Electricity All Around。

**教学目标：**

本节课作为本单元的第一节课，教学目标定位为通过阅读激发学生的兴趣，引出单元主题，丰富话题知识。教学目标分为七个：

（1）学生通过图片及教师的设问，感知本节课的阅读主题，并在图片、问题的语境中学习核心词汇。

（2）通过读图及看文章标题，推测阅读内容及文章的文体。

（3）通过初步阅读，梳理、概括文章段意。

（4）通过再次阅读，获取文中的基本信息，如人物、地点、讨论的话题、故事中的矛盾冲突等。

（5）自我绘制思维导图，构建电力流通的结构化知识。

（6）运用本课所学知识，借助思维导图描述电路图并推断"who is foolish"。

（7）通过人物间的几个对话，分析、评价人物的行为、性格和观点并提供依据。运用本节课知识写一张道歉卡，向Daisy道歉。

**设计意图：**以上案例中，教学目标的陈述均使用了动词"获取、概括、梳理、推断、分析、评判……"，教学目标的设计能围绕英语学习活动观的三个活动层次设置。从学习理解到应用实践，再到迁移创新，这几个目标与后面的活动呈一一对应关系，教学目标的陈述既强调学习过程，也显示学习结果，对教学活动设计形成很好的引领作用。

## 三、递进性原则

这里的递进性原则指的是教学活动之间的层次性，教学活动之间的难度递进。基于英语学习活动观的教学活动分为三个阶段、三个层次，即学习理解类活动、应用实践类活动、迁移创新类活动。每一个教学活动都是上一个教学活动的进阶，活动之间体现出层次性、逻辑性和递进性。学习理解类活动主要包括感知与注意、获取与梳理、概括与整合等基于语篇的学习活动。这是整个教学活动的第一步。应用实践类活动主要包括描述与阐释，分析与判断、内化与运用等深入语篇的学习活动。这是继学习理解活动后对语篇的深度学习与内化，也是初步应用与实践活动的开始。迁移创新类活动主要包括推理与论证、批判与评价、想象与创造等超越语篇的学习活动。这是继语篇深度学习后，实现知识迁移与创新的重要步骤。整个教学活动是相互关联、互为递进的。

【教学案例3】

上海教育出版社七年级下册Unit 6　Electricity中的Reading：Electricity All Around。

**教学设计：**

**1. 学习理解类活动**

第一步：热身活动。

展示学生熟悉的家用电器的图片——提问与回答（注意与感知）。

教师通过展示几种常用家电的图片及设置问题链追问学生：Can you identify them in English? What do we need to keep them running? From where can we get electricity?

设计意图：本活动的目的是激活学生关于电与电器的背景知识，激发学生的学习兴趣，引出主题electricity。铺垫关键信息，同时引导学生学习关键词bulb、battery等，为后面的阅读扫除一定障碍。

活动形式：T–Ss（教师与多个学生间互动）。（见图1～图3）

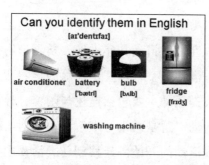

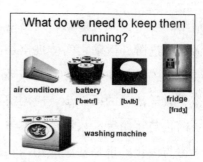

图1　引入环节1　　　　　　　　　图2　引入环节2

图3　引入环节3

**第二步**：预测。

读图—读题目—回答问题（注意与感知）。

根据题目推测文章的文本类型并预测内容；依据文本中的配图，预测文章中的人物、地点（注意与感知）。

**设计意图**：通过让学生读图及注意题目，引导学生预测阅读文章的内容，引发学生进一步阅读的兴趣。

**活动形式**：Ss–T（全班学生回答教师的问题）。（见图4、图5）

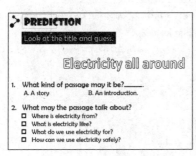

图4 读题目 图5 看图回答问题

**第三步：扫读。**

阅读—概括、匹配段落大意—阅读—回答问题—建构电力流程图（获取与梳理、概括与整合）。（见图6）

通过两次阅读，引导学生匹配练习、回答问题，获取与梳理对话中的信息及段落大意；引导学生完成电力流通图后主动构建电力流通简图。（见图7、图8）

**设计意图：** 这部分锻炼学生skim及scan的能力。通过回答问题，检验预测的内容与所读内容的匹配度，提高学生对预测重要性的理解。通过主动构建电力知识流程图，梳理对文章核心知识的理解。

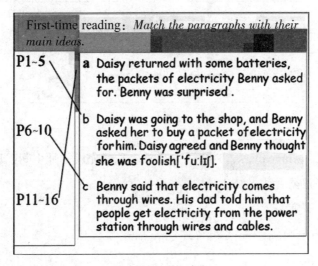

图6 匹配段意

23

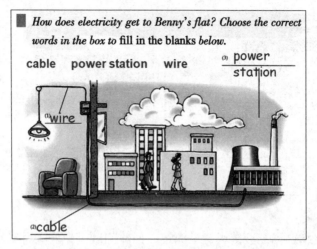

图7　看图填空（1）

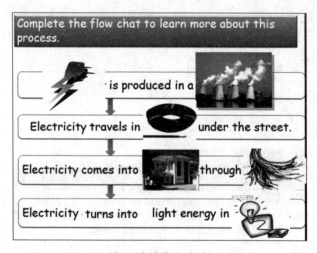

图8　看图填空（2）

**活动形式**：whole class，T–Ss（全班学生独立完成，师生间互动）。

**2. 应用实践类活动**

**第四步**：深度阅读。

口头描述电力图——问题链追问（描述与分析、分析与判断、内化与运用）。

该部分通过师生间的问答引导学生从几个对话中提取所需要的细节信息，引导学生分析对话中人物的意图、性格等，实现与作者深度对话，同时利用自我构建的思维导图描述"家里的电是如何产生的"，并适当使用合适的衔接词，如first, then, next, finally...

　　**设计意图**：这部分可以帮助学生实现深度阅读。同时通过口头复述活动，帮助学生围绕结构图，描述、阐释与内化所学知识并实现初步输出，为下一步实现知识的迁移做好铺垫。（见图9～图13）

　　**活动形式**：Ss groups、T–Ss（组内讨论、多个学生间互动）。

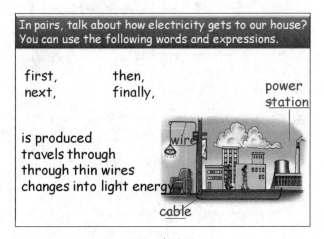

图9　复述图

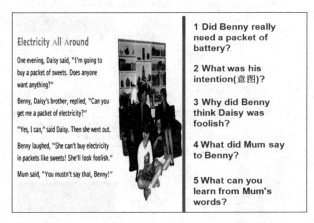

图10　理解字里行间的意思并分析人物（1）

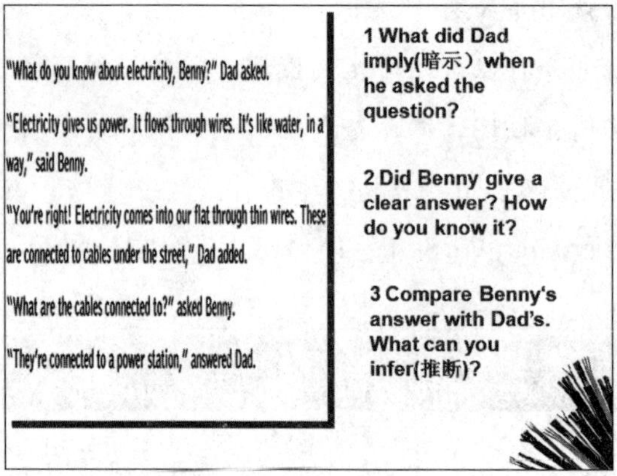

"What do you know about electricity, Benny?" Dad asked.

"Electricity gives us power. It flows through wires. It's like water, in a way," said Benny.

"You're right! Electricity comes into our flat through thin wires. These are connected to cables under the street," Dad added.

"What are the cables connected to?" asked Benny.

"They're connected to a power station," answered Dad.

1 What did Dad imply(暗示) when he asked the question?

2 Did Benny give a clear answer? How do you know it?

3 Compare Benny's answer with Dad's. What can you infer(推断)?

图11　理解字里行间的意思并分析人物（2）

"What do you know about electricity, Benny?" Dad asked.

"Electricity gives us power. It flows through wires. It's like water, in a way," said Benny.

"You're right! Electricity comes into our flat through thin wires. These are connected to cables under the street," Dad added.

**What does the word "add" imply?**

"What are the cables connected to?" asked Benny.

"They're connected to a power station," answered Dad.

图12　理解字里行间的意思并分析人物（3）

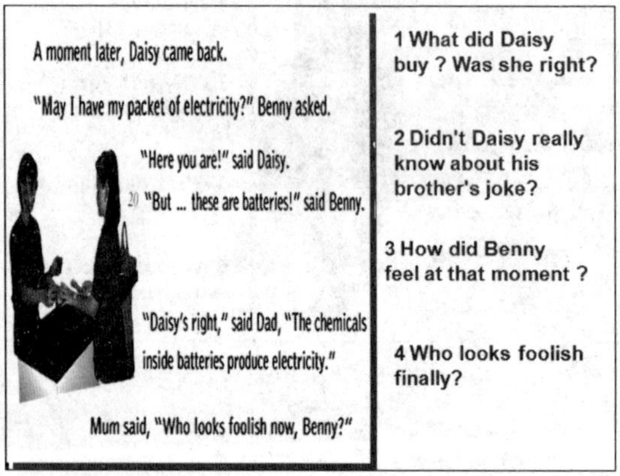

A moment later, Daisy came back.

"May I have my packet of electricity?" Benny asked.

"Here you are!" said Daisy.

"But ... these are batteries!" said Benny.

"Daisy's right," said Dad, "The chemicals inside batteries produce electricity."

Mum said, "Who looks foolish now, Benny?"

1 What did Daisy buy ? Was she right?

2 Didn't Daisy really know about his brother's joke?

3 How did Benny feel at that moment ?

4 Who looks foolish finally?

图13　理解字里行间的意思并分析人物（4）

### 3. 迁移创新类活动

**第五步**：思考与创新。

问题回答—批判性讨论—写道歉卡（推理与论证、想象与创造）。

通过问题链，引导学生去分析、评判人物并提供依据。

(1) How do you find (like) Mum and Dad?

(2) Read the title"Electricity All Around". The title is for _____.

A. argumentation        B. narration        C. exposition

(3) Can you think of a better title?

**写道歉卡：**

Benny is sorry about how he treated his sister. He is now going to send a card of apology to Daisy.

(1) What did you ask your sister to do?

(2) What was your intention?

(3) What do you learn about electricity?

(4) How did you feel after she came back?

(5) Your apology.

**设计意图**：这部分可以帮助学生学会分析、敢于批判，同时通过写道歉卡，学会在篇章中正确使用文章中学过的主题词汇、短语及句子，表达自己的歉意。（见图14）

**活动形式**：T–Ss，whole class（教师与多个学生间互动，学生全部独自完成卡片写作）。

**设计意图**：从以上案例中我们可以看到整个教学活动设计具有整体性、递进性。从图片及问题引入主题electricity在教学过程中，从理解课文表层信息的学习理解活动到针对对话文体中人物对话进行的追问，分析对话中人物的性格，根据上一个环节构建的电力流程图进行复述；迁移创新环节对文章题目加以批判与论证；最后一个环节是让学生写一张道歉卡。整个教学活动体现了活动的层次性，上一个活动是下一个活动的铺垫，下一个活动是上一个活动的深化。活动没有重复叠加。

**Benny's apology**

Benny is sorry about how he treated his sister. He is now going to send a card of apology to Daisy.

Sorry

1 What did you ask your sisiter to do?
2 What was your intention?
3 What do you learn about electricity?
4 How did you feel after she came back?
5 Your apology.

图14　写道歉卡

## 四、主题性原则

主题就是语篇讨论的核心议题，它渗透、贯穿语篇的全部内容，体现作者写作的主要意图及其对文章中反映的客观事物的基本认识和态度。主题是文章的核心、灵魂和统帅。教师要明确语篇所谈论的主题是什么，并通过分析主题所提供的特定语境和采用的手段，准确、深入地把握文本的主题意义，使教学能够在引导学生开展主题意义探究和解决问题的活动中整合知识学习和语言技能发展，体现文化感知和品格塑造，发展学生的思维品质和语言学习能力。

针对阅读语篇的教学，教师首先要通过关注单元的标题和图片等把握单元主题；进而把单元中的每个语篇置于整个单元的主题背景下，分析其与单元主题之间的关系，再从五个角度、三个层面的分析中明确该阅读语篇的主题意义，为接下来通过活动设计进一步探究该阅读文本的主题意义做好准备。

【教学案例4】

上海教育出版社七年级下册Unit 6　Electricity中的Reading：Electricity All Around.

**主题意义分析：**（见图15）

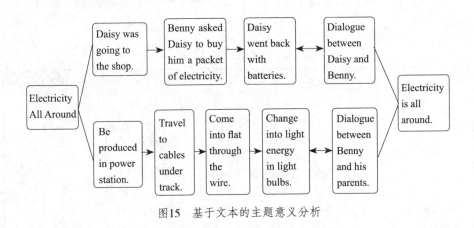

图15　基于文本的主题意义分析

　　**设计意图：**这个单元的标题是Electricity，单元中的配图等都告诉我们需要学习的内容是有关electricity的，而其中的阅读课讲的是我们身边无处不在的电（electricity all around）。文章是通过两条线索来实现主题探究的，一条是Daisy与Benny之间的对话，从对话中我们知道电池是电的一种，是可以买的；一条是Benny与爸爸和妈妈间的对话，从对话中我们了解了电是如何从电站流向家里的。通过这两条线索，教师可以引导学生围绕主题"electricity all around"开展各种活动。在做文本分析时，笔者从五个角度、三个层面探究了阅读的主题意义（见上文），而在活动设计中，三个层次的活动都是围绕主题"electricity all around"展开的，该教学设计通过活动的方式实现了对文章主题的探究。

## 五、实践性原则

　　实践性原则指的是学生在教学中能主动地、真正地参与教学活动，在活动中，他们真正有事可做。英语学习活动观下的阅读教学特别关注学生的实践参与。课堂中教师应放手让学生真正成为探究的主体，让他们在情境中，通过自主、合作和探究式的学习，积极地探究主题意义。在教学中具体表现为，如教师要给予学生充足的时间阅读和内化，设置的活动要让学生有话可说、有话会说，用语言表意、用语言行事。设计活动时须在每个活动旁边标注活动的形式（见表1）。通过记录活动的形式可以迫使教师自己少讲而将机会留给学生。

**【教学案例5】**

上海教育出版社七年级下册Unit 4　Electricity中的Reading：Electricity All Around。

表1　师生活动形式列表

| Stages | Timing | Procedures | Interaction patterns |
|---|---|---|---|
| 1. lead-in（感知） | 1~3 | 热身活动：展示家用电器的图片——提问与回答（注意与感知）。<br>**活动形式：**T-Ss（教师与多个学生间互动） | T-Ss |
| 2. pre-reading（感知与注意） | 4~8 | 预测：读图—读题目—回答问题（注意与感知）。<br>根据题目，推测阅读文章的文本类型，预测阅读内容；依据文本中的配图，预测文章中的人物、地点（注意与感知）。<br>**活动形式：**Ss-T（全班学生回答教师问题） | Ss-T |
| 3. while-reading（学习理解、实践应用） | 9~25 | 阅读—概括、匹配段落大意—阅读—回答问题—建构电力流程图（描述与分析、分析与判断、内化与运用）。<br>**活动形式：**whole class、T-Ss（全班学生独立完成，师生间互动） | whole class<br>T-Ss |
| 4. post-reading（迁移创新） | 26~40 | 问题回答—批判性讨论—写道歉卡（推理与论证、想象与创造）<br>**活动形式：**T-Ss、whole class（教师与多个学生间互动，学生独自完成卡片写作） | whole class |

# 英语学习活动观下实施初中阅读教学的几点思考

## 一、仍须加强任务型学习

在近一年的研究中，笔者发现工作室的老师们，能较快理解英语学习活动观的理念、教学设计的流程范式，但在正式实施时，他们仍感迷茫，不知该如何进行文本的深度分析，如何进行三个层次的活动设计，如何划分思维层次。究其原因，笔者认为，一是他们没有真正阅读新《课标》，对英语学习活动观的理解仍处于表层化；二是相关文献读得少，没能真正解放思想，突破原有的观念及行为惯性。因此，笔者带领他们深度阅读新《课标》，阅读葛炳芳老师团队出版的有关阅读教学的书籍、观看优秀教师的优秀课例。实践证明，有目标的阅读与思考，有任务的学习与反思，能帮助他们真正转变观念继而转变教学行为。这是教师成长的一个比较直接的途径。

## 二、在教学设计中标注师生互动方式及所用时间十分必要

英语学习活动观下的阅读教学，教师一定要给予学生充足的时间进行阅读与思考，一定要给予机会让学生去质疑、去分析判断甚至去创造，并引导学生从中得到有关如何认识事物的启迪。而要做到这些，在教学设计中标注师生互动方式及所用时间是十分必要的，因为它能引导教师在设计活动时主动思考这些问题。

### 三、学习理解步骤的设计关乎成败

教学设计中学习理解步骤的设计很重要，它是后面活动顺利实施的铺垫与基础。若学生对文本的理解不够透彻，对课文内容无法形成知识结构，或学生对课文内容内化不够，后面的应用实践、迁移创新类活动就很难开展。故教师对此步骤一定要精心思考，用心设计，务必使学生对阅读内容有整体、充分地理解。

### 四、活动设计要充分结合语篇文体的特点

语篇类型为英语学习活动提供了清晰的线索。上海教育出版社在初中英语教材中为我们提供了较为丰富的语篇类型，涵盖对话、访谈、记叙文、说明文、应用文、新媒体语篇等。我们在进行教学活动设计时，要尽量考虑语篇文体的特点，这样不仅有助于学生加深对语篇意义的理解，还有助于他们使用不同类型的语篇进行有效表达与交流。

### 五、文本解读没有统一标准

文本解读中的Why和How没有统一固定的解读，对同一事物的观察，不同学生可以看出不同的意义。但文本解读并不是没有限制的，教师应引导学生从听、说、读、看、写等各个知觉的角度来把握语篇，引导学生仔细斟酌语篇细节。文本解读要跟学生的身心发展特点和学生期待的结果相对接，要与核心素养的培养目标相对接。

# 上海教育出版社义务教育英语教科书
# 阅读材料文体分类一览表

在新《课标》中，语篇分为口头及书面、歌曲、音频、视频等多媒态形式，而书面语篇又分为记叙文、议论文、说明文、应用文等不同的文体类型。把握不同语篇的特定结构、文体特征和表达方式，不仅有助于学生加深对语篇意义的理解，还有助于他们使用不同类型的语篇进行有效表达与交流。依据新《课标》，语篇类型具体分类如表1。

**表1　语篇类型**

| 课程类别 | 语篇类型 |
| --- | --- |
| 必修 | 1. 对话、访谈<br>2. 记叙文，如个人故事、人物介绍、短篇小说、童话、剧本等<br>3. 说明文，如地点、事物、产品介绍等<br>4. 应用文，如日记、私人信件、简历、宣传册、问卷等<br>5. 新闻报道，如简讯、专题报道等<br>6. 新媒体语篇，如网络信息、电子邮件、手机短信等<br>7. 其他语篇类型，如目录或指南、表格与图示、日程表、告示牌、地图和图例、菜单和烹饪食谱、规则、操作指令、天气预报、歌曲和诗歌等 |
| 选修 | 1. 专题讨论、讲座、报告等<br>2. 记叙文，如小说、科幻故事、幽默故事等<br>3. 议论文，如论说文、评论等<br>4. 说明文，如现象说明、事理阐释等<br>5. 应用文，如正式书信等<br>6. 新媒体语篇，如博客、知识类或科普类等网页<br>7. 其他语篇类型，如散文、戏剧、寓言、影视、笑话、广告等 |

依据新《课标》中对于语篇的分类，工作室对上海教育出版社义务教育英语阅读材料中的主体语篇进行了分类，具体列表如表2～7。

**表2　上海教育出版社义务教育英语七年级上册阅读语篇中的文体分类列表**

| 七年级上册 | 主阅读 | Title | 文体 |
| --- | --- | --- | --- |
| Unit 1　Making Friends | Reading | Anna's Blog | 记叙文 |
| Unit 2　Daily Life | Reading | A Day at School | 记叙文 |
| Unit 3　The Earth | Reading | Protect the Earth | 说明文 |
| Unit 4　Seasons | Reading | The Four Seasons | 说明文 |
| Unit 5　Visiting the Moon | Reading | A Trip to Space | 应用文 |
| Unit 6　Travelling Around Asia | Reading | Visiting Shanghai | 应用文 |
| Unit 7　School Clubs | Reading | The Clubs Fair | 记叙文 |
| Unit 8　Collecting Things | Reading | Unusual Collections | 记叙文 |

**表3　上海教育出版社义务教育英语七年级下册阅读语篇中的文体分类列表**

| 七年级下册 | 主阅读 | Title | 文体 |
| --- | --- | --- | --- |
| Unit 1　People Around Us | Reading | My grandma，Alice&Mr. Li | 记叙文 |
| Unit 2　Travelling Around the World | Reading | France is Calling | 应用文 |
| Unit 3　Our Animal Friends | Reading | A Blind Man and His "Eyes" in a Fire | 记叙文 |
| Unit 4　Save the Trees | Reading | Trees in Our Daily Lives | 访谈 |
| Unit 5　Water | Reading | Water Talks | 记叙文 |
| Unit 6　Electricity | Reading | Electricity All Around | 记叙文（口语体） |
| Unit 7　Poems | Reading | My dad；The Old Newspaper Seller | 诗歌 |
| Unit 8　From Hobby to Career | Reading | My Lifetime Hobby——Studying Stars | 记叙文 |

**表4　上海教育出版社义务教育英语八年级上册阅读语篇中的文体分类列表**

| 八年级上册 | 主阅读 | Title | 文体 |
| --- | --- | --- | --- |
| Unit 1　Encyclopaedias | Reading | Encyclopaedia Da Vinci，Dinosaur | 说明文 |
| Unit 2　Numbers | Reading | The king and the Rice | 记叙文 |
| Unit 3　Computers | Reading | Computer Facts | 说明文 |
| Unit 4　Inventions | Reading | Great Inventions | 说明文 |

| 八年级上册 | 主阅读 | Title | 文体 |
|---|---|---|---|
| Unit 5　Educational Exchanges | Reading | An Exchange visit is Educational and Interesting | 记叙文 |
| Unit 6　Ancient Stories | Reading | The Trojan Horse | 记叙文 |
| Unit 7　Memory | Reading | Memory Corner | 说明文 |
| Unit 8　English Week | Reading | English Week | 记叙文 |

**表5　上海教育出版社义务教育英语八年级下册阅读语篇中的文体分类列表**

| 八年级下册 | 主阅读 | Title | 文体 |
|---|---|---|---|
| Unit 1　Helping Those in Need | Reading | Voluntary Work | 报告 |
| Unit 2　Body Language | Reading | Body Language | 记叙文 |
| Unit 3　Traditional Skills | Reading | Fishing with Birds | 说明文 |
| Unit 4　Cartoons and Comic Strips | Reading | How to Make Cartoons | 说明文 |
| Unit 5　Save the Endangered Animals | Reading | The Giant Panda | 说明文 |
| Unit 6　Pets | Reading | Head to Head | 议论文 |
| Unit 7　The Unknown World | Reading | Aliens Arrive | 记叙文 |
| Unit 8　Life in the Future | Reading | Life in 2050 | 新媒体（网帖） |

**表6　上海教育出版社义务教育英语九年级上册阅读语篇中的文体分类列表**

| 九年级上册 | 主阅读 | Title | 文体 |
|---|---|---|---|
| Unit 1　Wise Men in History | Reading | Archimedes and the Golden Crown | 记叙文 |
| Unit 2　Great Minds | Reading | Two Geniuses | 记叙文 |
| Unit 3　Family Life | Reading | Family Life in Cities | 采访 |
| Unit 4　Problems and Advice | Reading | Aunt Linda's Advice Page | 新媒体（网帖） |
| Unit 5　Action! | Reading | Surprises at the Studio | 记叙文 |
| Unit 6　Healthy Diet | Reading | What's a Balanced Diet? | 对话 |
| Unit 7　The Adventures of Tom Sawyer | Reading | Tom Sawyer Paints the Fence | 小说 |
| Unit 8　Surprise Endings | Reading | The Gifts | 小说 |

表7　上海教育出版社义务教育英语九年级下册阅读语篇中的文体分类列表

| 九年级下册 | 主阅读 | Title | 文体 |
|---|---|---|---|
| Unit 1　Great Explorations | Reading | The Voyages of Zheng He | 记叙文 |
| Unit 2　Culture Shock | Reading | Living in Another Country | 演讲 |
| Unit 3　The Environment | Reading | The World is in Danger | 说明文 |
| Unit 4　Natual Disasters | Reading | The Great Flood | 记叙文 |
| Unit 5　Sport | Reading | Skiing: An Unforgettable Experience | 记叙文 |
| Unit 6　Caring for Your Health | Reading | How to Lead a Balanced Life | 说明文 |

　　说明：依据新《课标》的分类，工作室对上海教育出版社义务教育英语书中的所有阅读篇章进行了检索，发现记叙文（故事、小说、传记、诗歌）有20多篇，说明文及应用文各十几篇。基于此，工作室将设计重点放在这几大类别文体中。我们研究的重点为：

　　（1）如何在英语学习活动观下进行初中口语类文本的阅读教学设计；

　　（2）如何在英语学习活动观下进行初中故事类文本的阅读教学设计；

　　（3）如何在英语学习活动观下进行初中诗歌阅读教学设计；

　　（4）如何在英语学习活动观下进行初中说明文阅读教学设计；

　　（5）如何在英语学习活动观下进行初中书信类应用文阅读教学设计；

　　（6）如何在英语学习活动观下进行初中议论文阅读教学设计。

# 思 考 篇

　　语篇是表达意义的语言单位，体裁是语篇的存在形式，不同体裁的语篇具有不同的交际目的和篇章结构。把握不同语篇的文体（记叙文、议论文、说明文、应用文等）特征和表达方式，有助于学生加深对语篇意义的理解和进行有效的表达与交流。《义务教育英语课程标准（2011年版）》提出，初中生要能读懂相应水平的常见体裁的读物。

　　鉴于此，思考篇部分重点围绕记叙文（故事、小说、传记、诗歌）、说明文、应用文、议论文等不同类型的文体，探讨如何在英语学习活动观下设计和实施初中英语阅读教学，以加强阅读教学的有效性，实现培养初中生英语学科核心素养的目的。

# 如何在英语学习活动观下进行初中口语类文本的阅读教学设计

——以八年级上册Unit 5 Reading：Educational Exchanges为例

## 一、问题与思考

口语是语言存在的最基本形式。从语言的起源与发展来看，口语是第一位的，书面语是第二位的。从实际的交际活动来看，人们还是在大量地使用口语。英语口语体本身也可再细分成三种主要形式，即正式语体（formal）、非正式语（informal）及介于两者之间的中间体（neutral）。它可以出现在听说材料中，也经常出现在阅读材料中。

语言学家普遍认为，任何人在使用语言时，都自觉或不自觉地运用着某一种文体。因此，人们在表达思想或传递信息时，除了注意思想内容和语言文字等要素外，还应该掌握区别口语文体特点及运用上不同语文体的知识和技巧，否则，便不能正确达意或传递出全部信息。因此，我们不该轻视对口语体的分析与研究。

然而，在实际教学中，许多初中教师并不知道口语体与书面体的具体区别，没有关注英语口语体的语言特征，更没有思考这种语言特征与教学的关系。在教学中较少有教师会帮助学生在语篇中分析口语体文本的具体特点，以及该如何正确理解及使用，这就造成了学生在进行口头及笔头交际时，语言使用随意、不得体，从而引起交际障碍。其实，在初中英语教材中有很多口语体的语篇，如八年级上册中的Educational exchanges、七年级下册中的Electricity等。这种语篇的数量在上海教育出版社的教材中占比高达43%，而《高中英语课程标准（2017版）》的颁布，又要求教学中重视语篇的文本分析、重视语言的形式与文体的含义之间的内在联系。基于此，我们应该认真研究这种文体的特点及其在新《课标》理念下的合理设计。

## 二、文体特征分析

文献中经常指出的英语口语体特征有：使用代词较多，句子结构残缺不全；常用缩略语、短语动词和模糊词语；词语重复较多；常用语篇虚词（填空词语）、名词常用前置修饰语, 后置修饰语少；常用短句和并列形式，短句之间用and或 but连接，很少用复杂的从句。英语口语体一般不用分词短语和独立主格结构。

南京师范大学外国语学院马广惠以329篇英语口语语料为基础，对英语口语体的语言特征进行了分析。通过分析，她认为：①英语口语体中存在大量的重复现象；②句子短，有不少非句子作为口语交际的语言单位；③一般现在时和一般过去时的使用频率较高；④代词使用多，其中第一人称代词使用最多；⑤缩略形式用得比较多；⑥从话语轮换的角度看，语篇虚词使用频率比较高；⑦介词短语使用比较多。这一发现不同于以上文献中的说法。具体分析如下。

### 1. 作为衔接手段的重复

重复是保持话语连贯的衔接手段之一。如上海教育出版社英语七年级下册Unit 6的会话片段中，有代词I及其对应词my和me的多次重复，有代词you, she的重复以及electricity和said 等词的重复。

### 2. 主题词语的重复

一个话语片段中的主题词语不断地被重复，这种现象可以称为聚焦，它的作用是使谈话紧紧围绕一个主题进行。如在上海教育出版社英语八年级上册Unit 5口语对话片段中，learnt作为主题词语多次被重复。

### 3. 说话者的个人语言风格

每个人在一定的社会语言体系内，可以表现出个人的语言特征体系，即对话语的选择有一定的倾向性。这种倾向性会导致某些语言特征在说话者的话语中重复出现。例如，上海教育出版社英语七年级下册Unit 6，几位说话者喜欢在话语中使用mustn't、can't、can等词，且多次出现在他们的话语中，甚至贯穿他们的整个谈话。

**4. 话轮转换重复**

当说话者和听话者进行角色转换，听话者接过话轮时，会重复先说话人的话语，尤其是在回答问题或表示赞同的时候。

例：A: Can you get me a packet of electricity?

B: Yes, I can.

由于承载文化信息的言语行为能力需要在具体语境里培育，因此教学必须通过对比、举例、扮演角色、交际交流等渠道来培养学生的跨文化交际知识，培养其得体的语言能力，为其更深层次的说和写的文化交际打好基础。

鉴于口语体文本的特点，笔者拟尝试用英语学习活动观理念进行文本分析及教学活动设计。

## 三、课例实践

上海教育出版社八年级上册Unit 5 Reading：An Exchange Visit is Educational and Interesting.

### （一）背景

**1. 主题语境**

本单元的主题语境是"人与社会——社会服务于沟通"。

**2. 语篇类型**

本节课的语篇类型——口头语篇（对话）。

**3. 授课时长**

40分钟。

### （二）文本分析

**1. 主题和内容（What）**

本课主要讲述了一群从伦敦Woodpark School来的学生在北京新华中学进行教育交流。文章的第一段交代了时间、地点、人物和事件。文章第三段讲述了这些学生在工作日与中国学生一起学习，在周末和寄宿家庭游览北京并参观名胜古迹的事。第二段、第四段及第五段是两位学生Sarah和Eric的内心独白。这几段内心独白分别讲述了Sarah和Eric来中国交流学习过程中的心情，以及他们在校内及住宿家庭的学习情况。学习内容涉及中国历史、文化等。文章的最后一段以Sarah的口吻对他们未来的交流计划做了描述。文章的主题是"有趣的教育交流对学生是有教育意义的"。

**2. 主题和作者（Why）**

作者借文中Sarah和Eric的内心独白介绍了来自伦敦Woodpark School的学生在中国进行教育交流的情况，通过对他们心情的描写，对他们活动的叙写，点明了主题An Exchange Visit is Educational And Interesting!作者通过两个外国学生的口吻介绍教育交流的魅力，开拓了学生的视野，培养了他们的跨文化意识。

**3. 文体和语言（How）**

该文章是较为典型的口头语语篇，文章用了大量的口语体语言，如使用缩写，I'm glad…, I've learnt…；在句法方面，多使用简单句子，句子结构松散且灵活，如I've learnt a bit of Taiji, and I really enjoy it.文中出现大量使用频率较高的单音节小词，如I'm glad to…, I've learnt to use… .文章借Sarah和Eric的口吻记叙了在教育交流中做过的事情及其感受，同时也谈论了未来要做的事情，因为是口语体的记叙文，这篇文章对八年级学生来说，阅读难度不大。文中出现大量现在完成时及口语语篇中常见的一般现在时及一般将来时。文中的配图介绍了文中出现的两个主要人物Sarah和Eric及其在校内学习的内容，如太极、国画，增加了直观性及趣味性。

**（三）学情分析**

（1）语言与认知水平。执教班的学生经过近五年系统的英语学习，具有较好的英语水平，有能力在语境中或在语篇中对本单元的主题词汇进行自主学习或自我完成猜测；学生对理解这篇比较容易的口语体文章感觉难度不大，只是认为让他们根据阅读材料自我构建文章信息的结构有难度。

（2）因为有较强的求知欲，学生对课文内容所讲的教育交流项目比较感兴趣，容易产生阅读期待。但因为大部分学生没有参加过教育交流项目，教师应尽量创设情境让学生能够在读、看、说、写等语言学习活动中了解及评价教育交流活动。

**（四）教学目标**

本节课的教学目标有五个。

（1）学生通过视频播放及老师的设问，能感知本节课的阅读话题并能在图片的语境中学习核心词汇。

（2）学生通过读图及看文章标题、文章首段，能预测阅读内容。

（3）学生通过再次阅读，能获取Sarah和Eric话语中的基本信息并能自主选取mind-map范式填写思维导图。

（4）学生运用本课所学知识，借助思维导图能描述伦敦Woodpark School学生的教育交流之旅。

（5）学生能根据文章的内容，设计中国学生到英国交流的活动并在对话中完成输出。

**（五）教学过程**

**1. 学习理解类活动**

第一步：热身活动。

看视频—回答问题—观察题目（注意与感知）。

教师通过播放一段学生到国外做教育交流的视频，设置问题链追问学生：① Where are the students in the video? ② What did they do during their visit? ③ How did the students feel? What adjectives do they use to talk about the visit? ④ Why did they go there? So what is an educational exchange?

**设计意图**：本活动的目的是激活学生关于教育交流方面的背景知识，激发学生学习的兴趣，引出话题educational exchanges，铺垫关键信息，同时引导学生学习主题词汇以及在文中不容易猜测的词汇，如educational exchanges、chopsticks、Taiji等，为学生的阅读降低难度。

**活动形式**：T–Ss（教师与多个学生互动，见图1～5）。

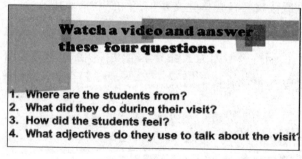

图1　看视频回答问题

图2　看图回答问题

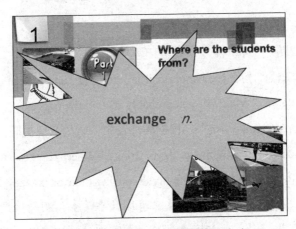

图3　看图回答问题并学习新单词（1）

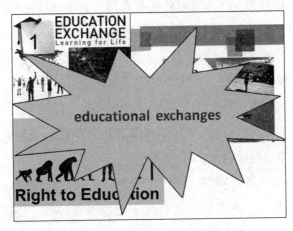

图4　看图回答问题并学习新单词（2）

**What is "educational exchanges"?**

Study and live in another city or country, and then come back.

图5　看题目预测文章内容

**第二步：** 预测。

读题目—读图—回答问题（注意与感知）。

引导学生看题目 "An Exchange Visit is Interesting and Educational" 及看图，猜测所要阅读的内容 "What will you probably read in the passage"，猜测作者的态度 "Are they happy with the visit"。根据图片及第一段的介绍提问记叙文中常出现的信息：①Which country are the students from? ②Where do they study during their exchange visit? ③What will they probably do during their exchange visit?

**设计意图：** 通过让学生读图及注意题目引导学生预测阅读文章的内容，引发他们阅读的欲望；让学生读文章首段，并在阅读后回答几个问题，初步了解这篇记叙文发生的时间、地点及人物等基本信息。但与标题相关内容学生须继续阅读才能了解 "Why is the exchange visit educational and interesting"，从而引发学生进一步阅读的兴趣。

**活动形式：** Ss-T（全班学生回答教师问题）。

**第三步：** 阅读文章。

阅读—回答问题—自选思维导图并填写相关信息，绘制文章知识结构图（获取与梳理、概括与整合）。

通过阅读，引导学生回答问题，在问题链中获取与梳理Sarah和Eric话语中所含信息；引导学生根据这些信息自主选取思维导图并将知识结构图填充完整。（见图6）

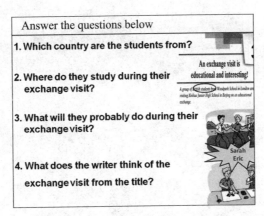

图6 看图及文章第一段并回答问题

**设计意图**：这部分锻炼学生的阅读能力、信息概括能力。通过回答问题，检测预测的内容与所读内容的匹配度，可以提高学生对预测重要性的认识。同时，学生通过主动构建知识结构图，也可以梳理对文章核心知识的理解。

**活动形式**：whole class、T-Ss（全班学生独立完成，师生间互动，见图7～10）。

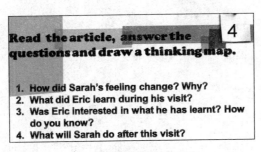

图7 阅读文章并回答问题

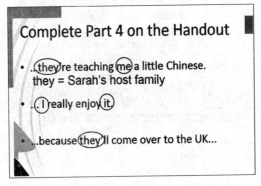

图8 完成代词的指代意思练习

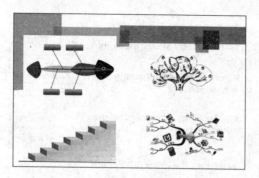

图9  选取思维导图

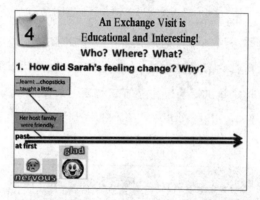

图10  阅读文章，填写鱼骨图或自选思维导图

## 2. 应用实践类活动

第四步：深度阅读。

口头描述知识结构图，问题链追问（描述与分析，见图11）。

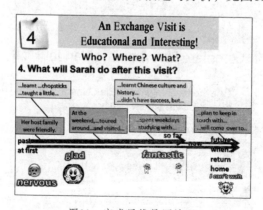

图11  完成思维导图填写

该部分通过师生对两部分叙述及三段独白的再次阅读，引导学生用自我构建的思维导图描述Sarah和Eric及其他同学在教育交流中的所见、所做、所想。

**设计意图**：这部分主要是通过几个问题的追问以及围绕结构图进行口头复述、阐析等活动，实现文章的深度阅读与内化，为后面的迁移创新活动做好准备。

**活动形式**：Ss groups、T-Ss（组内讨论、与多个学生间互动）。

**3. 迁移创新类活动**

**第五步**：问题回答—批判性讨论—写作（推理与论证、想象与创造）。

（1）通过问题，引导学生分析、评判，并提供依据，如Would you like to take part in an educational echange? Why or why not?

**设计意图**：这部分可以帮助学生学会分析，学会正确使用篇章中学过的主题词汇、短语及句子，并自主地表达自己的意愿。

**活动形式**：T-Ss，whole class（教师与多个学生间互动）。

（2）进行组内讨论，根据文字及表格中的提示，在组内讨论并用对话的形式完成。

**设计意图**：这部分是根据Sarah的描述设置的续写、续说任务，思维层次属于想象与创造，要求学生根据表1提示在组内完成对话并在同学面前表演。这个任务与文章有前后逻辑关系，输入与输出活动在语言、内容、语体上均有内在联系。（见图12）

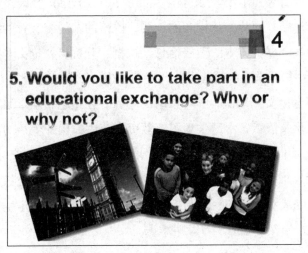

图12　回答问题

**活动形式**：T-Ss、whole class（教师与多个学生间互动，学生独自完成卡片写作）。

Group discussion:

Four Chinese students are going to Britain next month. Suppose you are Eric and Sarah, please make a dialogue and tell what you will do with the Chinese students in the UK.

表1　根据任务进行对话交流

| Name | Places you plan to show them | Activities you plan to arrange | Feelings (How may the Chinese students feel during their visit?) |
|------|------------------------------|--------------------------------|------------------------------------------------------------------|
| Eric |  |  |  |
| Sarah |  |  |  |

## 四、课例反思

### 1. 成功之处

笔者认为这节课比较成功的地方有以下四点：

（1）深入研读语篇，把握核心教学内容。在educational exchanges这个主题背景下，关注文体特征，分析文本信息与特点。用viedo引入，激发学生的学习兴趣。关注标题、图片。从标题的预测、段落的发展、文章的结构等方面设问，让学生寻找、理解文本的表层信息，挖掘、分析、评价文本的深层信息，并在这个过程中培养学生的阅读素养，提高学生的批判性思维能力。

（2）重视学生文化知识、学习策略的培养。在主题背景下引导学生感受文章所传达的文化及情感，帮助学生了解教育交流中校内外生活的内容，感受文化交流的魅力，开拓了学生的文化视野，培养了学生的跨文化交际意识。

（3）利用思维导图，帮助学生复述课文内容。引导学生通过自主和合作相结合的方式，完成对信息的获取与梳理、概括与整合，教会学生在零散的信息之间建立联系，培养学生的学习策略意识。

（4）通过设置问题情境，激发学生思考，逐层挖掘文章内涵。激励学生通过小组讨论的形式，表达自己的观点。同时为学生主动投入学习过程、深入理解语篇内涵、建构概念化知识创造了有利的条件，提高了学生参与课堂活动的积极性。

**2. 不足之处**

这节课也有一些不足：

（1）学生阅读、思考、讨论的时间还不够充分。

（2）没有充分考虑与兼顾不同层次的学生。

（3）关于口语体方面的研究不多，可参考资料有限，故研究的深度仍不够，今后仍须努力。

## 五、收获

本课题研究立足口语体阅读文本的研究，注意聚焦文本语言、结构、思维等方面的机制和策略。同时，还积极思考英语学习活动观下的几个层次活动设计，力求在有限的时间实现语言知识、语言文化及思维培养三位一体的无缝衔接。

回望一路风景，有焦虑、有困惑、有收获，更有反思。通过学习新《课标》及英语学习活动观的具体操作，在分析文本、制定目标、设计活动时更有方向、更有信心。希望本研究能引发更多的教师关注口语类文本的文体特征，并以此为方向引导学生注意说话、写作的得体性，也促使我们的口语体阅读教学更有实效。

附：

# An exchange visit is educational and interesting!

*A group of British students from Woodpark School in London are visiting Xinhua Junior High School in Beijing on an educational exchange.*

"I was very nervous at first," says Sarah. "However, my host family are really friendly. I'm glad to be a guest in their home. I've learnt to use chopsticks, and they're teaching me a little Chinese!"

The students spend the weekdays studying with Chinese students. At the weekend, they tour around Beijing and visit places of interest with their host families.

"It's been a fantastic experience so far," says Eric. "I've learnt a bit of t'ai chi, and I really enjoy

it. We've already learnt a lot about Chinese culture and history. The teachers have introduced us to Chinese painting as well. We've also tried to paint some pictures ourselves! I haven't had much success yet, but I'll keep trying."

"I've made many new friends," says Sarah. "I plan to keep in touch with them when I return home. We'll see one another soon because they'll come over to the UK for the second part of the exchange next month. I can't wait!"

教材图片（八年级上册Unit5 Reading Educational Exchanges ）

# 如何在英语学习活动观下进行初中故事类文本的阅读教学设计

——以八年级上册Unit 2 Numbers 中的Reading：The King and the Rice为例

## 一、问题及思考

上海教育出版社出版的初中英语课本中，主阅读篇章共有46篇，其中故事类文本有15篇，占三分之一。可见故事类文本教学在初中英语阅读教学中占据十分重要的地位。一节高效的阅读课通常离不开教师精心的教学设计。而目前在故事类文本课堂教学中，教师在做活动设计时普遍存在以下三个问题。第一，缺乏厘清故事发展主线的意识。教师在阅读教学过程中所设计的问题主要围绕故事的内容展开，以提问细节为主，缺少一些能帮助学生把握整个事件发展过程的教学设计，导致学生只关注情节而忽略对故事的整体把握。第二，缺乏对故事人物的分析与评价。故事里的人物通常不止一个，而教师常常忽略人物关系的梳理，导致不少学生在阅读完故事后依然没有弄清人物之间的关系，从而影响对故事的理解。此外，故事里的人物个性鲜明，而教师们却极少通过文字间的描写分析人物的性格特征，也极少创造机会让学生发表对故事里人物的看法。第三，缺少对故事主题的挖掘。通常每个故事背后都传递了作者的人生观、价值观。但是不少教师并没有引导学生去分析、挖掘故事的主题，反而更多地让学生关注故事的情节内容。这样不利于培养学生的高阶思维。若教师能基于文本的核心内容巧妙设计评判性阅读问题，不仅能让学生进一步熟悉课文，深入理解文本，还能自然引发学生评价的欲望，培养学生的评判意识与能力。

而英语学习活动观强调让学生通过学习理解、应用实践、迁移创新等一系列体现综合性、关联性和实践性等特点的英语学习活动，提升思维品质，提高学习能力。因此，笔者认为基于英语学习活动观进行故事类文本的教学设计是一个值得探索的方向。

## 二、文体特征分析

### 1. 故事的定义

根据语篇分析理论，叙事语篇（Narrative Discourse），又称故事语篇（Story Discourse）。作为文学体裁的故事，是指以讲述能够引起读者或听者兴趣的具体事件为目的的叙事性作品。故事的基本特征是：记人时，强调人物的情感变化，以人物的经历和事迹为核心内容；叙事时，强调事情的进展，对事件的发生与发展进行全程描述。

根据不同的角度，故事可以分为不同的类型。根据题材不同，故事可分为生活故事、历史故事、个人故事、动物故事、科幻故事、神话故事等。根据来源不同，可分为民间故事、改编故事、创作故事等。根据表现形式不同，可分为文字故事和图画故事等。初中英语课本里的故事以生活故事为主，多为创作故事，而且全部属于文字故事。

表1　上海教育出版社英语教材主阅读篇章故事分类汇总

| 分类方式＼语篇材料 | 题材 | 来源 | 表现形式 |
|---|---|---|---|
| 7A U7　The Clubs Fair | 生活故事 | 创作故事 | 文字故事 |
| 7A U8　Unusual Collections | 生活故事 | 创作故事 | 文字故事 |
| 7B U3　A Blind Man and His "Eyes" in a Fire | 生活故事 | 创作故事 | 文字故事 |
| 7B U5　Water Talks | 生活故事 | 创作故事 | 文字故事 |
| 7B U6　Electricity All Around | 生活故事 | 创作故事 | 文字故事 |
| 8A U2　The King and the Rice | 历史故事 | 创作故事 | 文字故事 |
| 8A U6　The Trojan Horse | 历史故事 | 民间故事 | 文字故事 |
| 8B U2　Body Language | 生活故事 | 创作故事 | 文字故事 |

续 表

| 分类方式　　　　　语篇材料 | 题材 | 来源 | 表现形式 |
|---|---|---|---|
| 8B U7　Aliens Arrive! | 科幻故事 | 创作故事 | 文字故事 |
| 9A U1　Archimedes and the Golden Crown | 个人故事 | 民间故事 | 文字故事 |
| 9A U2　Two Geniuses | 个人故事 | 创作故事 | 文字故事 |
| 9A U5　Surprises at the Studio | 生活故事 | 创作故事 | 文字故事 |
| 9A U7　Tom Sawyer Paints the Fence | 个人故事 | 改编故事 | 文字故事 |
| 9A U8　The Gifts | 生活故事 | 改编故事 | 文字故事 |
| 9B U4　The Great Flood | 生活故事 | 创作故事 | 文字故事 |
| 9B U5　Skiing: An Unforgettable Experience | 生活故事 | 创作故事 | 文字故事 |

**2. 语篇特征**

故事类文本是记叙文的一种，因此具有记叙文的语篇特征，且有别于其他类型的记叙文。它通常结构简单完整，情节单一且生动有趣，人物个性鲜明。以下将从故事的六要素、叙述顺序、叙述视角、主题、线索这五方面具体分析故事的语篇特征。

（1）故事的六要素。故事的六要素是指时间，地点，人物，事件的起因，经过和结果。首先，故事发生的时间、地点属于故事的背景信息。其次，人物是故事类文本的主要构成部分，起到推动情节发展的作用。故事往往重点刻画一两个人物，人物的性格特点非常鲜明，不枝不蔓。最后，事件的起因、经过和结果构成了故事的情节。故事作为记叙文的一种表现形式，具有典型的体裁模式：开头—中间—结尾，也就是故事的开始、情节的发展、高潮、结局和尾声。

（2）叙述顺序。故事的叙述顺序有四种，包括顺叙、倒叙、插叙和补叙。初中课本里的故事主要以顺叙为主。情节安排都是按开端—发展—高潮—结局这样的顺序编排的，因此条理清晰、结构简单。

（3）叙述视角。故事的叙述视角分为三种：第一人称、第二人称、第三人称。除了9B U4 The Great Flood和9B U5 Skiing: An Unforgettable Experience这两篇故事使用了第一人称外，其他故事都使用第三人称。大部分的故事里只出现一种叙述视角。

（4）主题。故事类文本不仅会对故事中主要人物的思想感情和性格特点进行描述或有所暗示，还会揭示故事所蕴含的意义。所以故事的作者往往通过故事传递出他的观点、情感态度和写作意图。课本中的故事都是可以促进学生语言阅读能力、批评鉴赏能力和综合人文素养发展、完整的语言素材。

（5）线索。在一个故事里，往往包含一条明确的故事线索，比如时间线索、地点线索、事件线索、人物线索、情节线索、情感线索等。

**3. 语言特征**

故事通常以叙述为主，所用的语言通俗易懂、简洁明快，多为口语化语言，以便人们理解。此外，排比、反复、拟人等修辞手法的运用，使故事层次分明、自然推进。尤其是故事中人物的行动、语言、表情的刻画以及拟声词的运用，让叙述更加生动形象、绘声绘色。

此外，故事里所使用的时态以一般现在时或一般过去时为主。大部分的故事都使用一般过去时，用以描述一个已经发生的故事。若作者想强调故事正在发生，就会使用一般现在时。

## 三、课例实践

上海教育出版社八年级上册Unit 2 Numbers中的Reading：The King and the Rice。

### （一）背景

**1. 主题语境**

人与自我——生活与学习。

**2. 语篇类型**

记叙文——故事。

**3. 授课时长**

40分钟。

### （二）文本分析

**1. 主题和内容（What）**

本课文是一则和数字有关的小故事。是一个由古印度国王与智者下棋引发的故事。国王答应智者，如果智者赢了，就给智者米粒作为赢棋的奖品。国王最终输掉比赛，并发现即使耗尽全国的米都无法满足智者的奖品要求。作者通过叙述这个有趣的故事，展现了数字的魅力。

**2. 主题和作者（Why）**

作者通过国王与智者比拼的故事，呈现了国王和智者两个性格迥异的人物。引导学生通过阅读，理解故事中智者的智慧、数字的神奇之处以及数字在人类日常生活中的重要意义。通过这个故事，作者一方面告诫人们不要像国王那样随意答应别人，在答应别人的请求前应该量力而为、三思而后行，体现了"人与自我"这个主题语境下"认识自我"的内容。另一方面使学生发现数字的奥妙，揭示数字的神奇。

**3. 文体和语言（How）**

本文是叙述体裁，属于故事类文本，具有故事起因—发生过程—故事结局这样的篇章结构。文章以叙述为主，描述直截了当，故事里的语言通俗易懂，多为口语化语言。文中出现了不少对话体语言，如缩写I'd like...，Wouldn't you...；口头语表达Is that all? 此外，文中出现said、asked，replied等许多引导对话的动词。连贯方式和衔接手段用了不少第三人称单数和代词。全文以一般过去时为主，中间穿插的对话则用一般现在时和将来时。除了时态的交叉使用，文中的配图用直观效果辅助介绍了文本中情节的发展。

**（三）学情分析**

在七年级的学习中，学生共学习了三个小故事。之前学习的故事都比较贴近学生现实生活，这个故事是学生第一次接触的发生在古代的故事，而且故事背景是在印度，对学生来说一方面故事背景比较陌生，一方面也充满了新鲜感。

对于故事包含的几个要素，如时间、地点、人物、事件等，教师没有过多引导学生对这类文本进行系统的解析。故事的结构，开端—发展—高潮—结局，学生没有完整系统地进行了解。此外，这个故事还包含数学知识，对学生来说是有一定难度的。而且故事涉及的数目巨大，学生可能缺少直观的概念。

**（四）教学目标**

数字的话题贯穿整个单元。学生在本单元通过掌握数字的应用和表达，感受到数字的魅力。阅读板块让学生通过阅读一篇与数字相关的有趣故事，抓住故事的基本要素和发展过程，同时了解数字的神奇之处。听力板块通过让学生听八组关于数字的对话并完成测试，进一步让学生熟悉用数字表达不同的内容，如时间、日期、电话号码、百分比等，培养学生听录音捕捉数字信息的能力。口语板块让学生通过对子活动，讨论数学算式的正误并改正错误记录，巩固基本运算的英语表达。写作课让学生分析曲线图中的数据，用恰当的文字描述曲线图所反映的数据变化。补充阅读板块的篇章介绍了数字发明之前人们的计数方法。学生通过阅读篇章可进一步了解人类计数发展的历史，并认识数字的重要性。文化角板块通过图片和文字介绍了数字在不同语言中的表达方式。课题板块让学生通过小组合作思考有关数字的话题，然后选择一个话题，让学生搜集相关资料并仿照示例写一篇短文进行介绍，最后全班合作完成一本关于数字的"迷你百科全书"。

因此，本节课作为本单元的第一节课，对学生的定位是激发学生的兴趣、丰富知识、引出单元主题、丰富话题知识。教学目标有六个：

（1）使学生通过思考教师的设问，感知本节课的阅读主题，并在语境中学习核心词汇。

（2）使学生通过读图及看文章标题，推测阅读内容及文章的文体。

（3）使学生通过阅读，获取故事的基本要素（时间、地点、人物、事件），了解故事的主要内容。

（4）使学生通过再次阅读，根据文本中的信息进行合理推断。

（5）使学生通过人物之间的对话及各种描述，对人物的行为、性格进行分析、评价。

（6）使学生合理运用本课所学内容，展开合理想象，为故事添加结尾。

**（五）教学过程**

**1. 学习理解类活动**

第一步：热身活动。

展示两个零花钱方案，提问与回答（注意与感知）。

Step 1：教师创设情境。

假设家长在给你一周的生活费时提出2个方案：一是一次性给你100元，一个是第一天给你1元，第二天给你2元，第三天给你4元（第二天给的钱是前一天的2倍）以此类推。设置问题链提问学生：Which plan will you prefer? Why? 见图1。

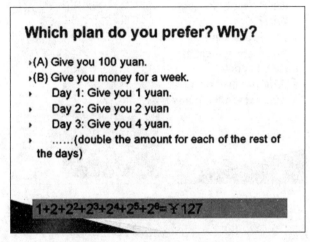

**Which plan do you prefer? Why?**

- (A) Give you 100 yuan.
- (B) Give you money for a week.
-  Day 1: Give you 1 yuan.
-  Day 2: Give you 2 yuan.
-  Day 3: Give you 4 yuan.
-  ……(double the amount for each of the rest of the days)

$1+2+2^2+2^3+2^4+2^5+2^6=¥127$

图1 热身活动中的两个零花钱方案

设计意图：本活动的目的在激活学生关于数字方面的知识，激发学生学习的兴趣，铺垫关键信息，同时也引导学生学习关键词汇，为后面的阅读扫清了障碍。

**活动形式**：T-Ss（教师与多个学生互动）。

**第二步**：阅读。

Step 2：预测，看标题和图片、提问与回答（注意与感知）。

（1）根据题目推测阅读文章的文本类型并预测阅读内容。教师设置问题链追问学生：①What kind of article is it? ②What are the basic elements of a story? ③What is the structure of the plot of a story?

设计意图：让学生预测阅读文章的体裁，引导学生树立文本意识，激活学生对故事类文本的已有知识。

**活动形式**：T-Ss（师生间互动）。

（2）依据文本中的配图猜测文章中的人物身份、地点、故事内容。教师设置问题链追问学生：①What is the story about? ②Which one is the king? Why? ③Where are they? ④Which country did the story happen? What are they doing? Who will win the game? 见图2。

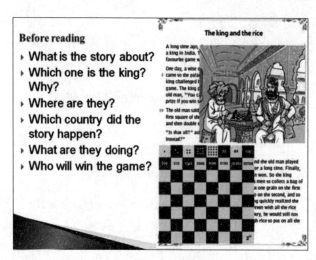

图2 预测部分问题

设计意图：引导学生预测故事内容，引发学生的阅读兴趣，同时为后面的阅读理解做铺垫。

活动形式：T-Ss（师生间互动）。

Step 3：扫读。略读全文——填表（获取与梳理）。

教师提出3个问题，Where did the story take place? Who was in the story? What happened in the story?让学生带着问题看故事并完成课本上的表格填空，见表2。

设计意图：这部分考查学生捕捉关键信息的能力，使学生进一步厘清故事脉络，了解故事的发生地点、人物、起因、经过、结果等基本要素，从而把握故事的概要。

活动形式：whole class、T-Ss（全班学生独立完成，师生间互动）。

表2 故事基本要素归纳

| Where did the story took place | | (1) _____. |
|---|---|---|
| Who was in the story | | the king and a (2) _____ |
| What happened in the story | The beginning | The king challenged (3) _____ to a game. The king promised to give him (4) _____ if he won the game. |
| | The middle | They played the game for (5) _____. |
| | The ending | (6) _____ won the game, but the king did not have (7) _____ to give him. |

**2. 应用实践类活动**

Step 4：扫读：略读全文——判断对错（分析与判断）。

教师给出4个推论，要求学生判断句子正误，并从故事中找出相应的内容佐证自己的判断。

（1）The wise man won the game easily.

（2）The king didn't want to give the rice to the wise man.

（3）The king felt angry when he said "Is that all".

（4）The wise man finally got as much rice as he wanted.

**设计意图**：这部分旨在加深学生对故事中细节内容的理解及培养学生的推理能力。

**活动形式**：whole class、T–Ss（全班学生独立完成，师生间互动）。

Step 5：追问与思考（描述与阐释）。

教师提问学生How many grains of rice should the king put on the last square? 让学生根据智者的要求，计算出最后一格所需要的大米数量。教师随后展示一张大米的图片，告诉学生一粒大米的质量大约是0.016克，照此计算最后一格棋盘的米如果换算成吨的话，是147 573 952 589.7吨。2016年全世界粮食总产量约24亿吨，这个米相当于全世界61年粮食产量的总和。见图3。

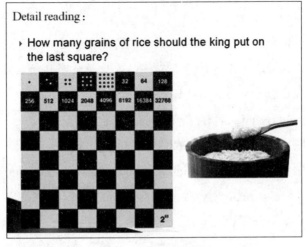

图3 棋盘与大米

设计意图：这部分让学生通过计算了解了每个得数的由来，由此思考数字的奥秘。它能锻炼学生的数学思维能力和计算能力，做到跨学科融合学习。教师通过展示一粒米和最后一格棋盘的米的对比，让学生感知到数字的巨大，从而领悟数字的魅力。此外，本部分所做出的结果与本课开头的热身活动相呼应。

**活动形式：**T–Ss（教师与多个学生互动）。

**第三步：**深度阅读。

问题链追问（分析与判断）。

Step 6：思考教师设置问题链追问学生Did the wise man really want the rice? Why did he do so?

设计意图：这部分可以帮助学生实现深度阅读，引导学生分析故事中的人物意图，实现与作者的深度对话。

**活动形式：**Ss pairs、T–Ss（同伴互助完成，师生间互动）。

**3. 迁移创新类活动**

**第四步：**评价与创造。

Step 7：评价（批判与评价）。

教师提问学生：①What do you think of the king? ②What can you learn from the story? ③What do you think of the title of the story? Do you have a better idea for the title? What is it?

设计意图：这部分锻炼学生的批判与评价能力，让学生评价故事的人物以及故事的标题。此外，还引导学生分享阅读完这个故事后的收获。这里所做的人物性格分析为最后的输出活动做铺垫。

**活动形式：**Ss groups、T–Ss（组内讨论，师生间互动）。

Step 8：分析与创造——续写故事结尾（想象与创造）。

教师提问学生：If you were the king, how can you solve the problem? What will happen to the wise man? 让学生根据对故事的理解与分析，以及对人物性格的剖析，为故事续写合理的结尾。

设计意图：这部分可以帮助学生描述、阐释与内化所学知识，同时调动学生的积极性，创造机会让学生发挥想象力。

**活动形式**：whole class、T-Ss（全班学生独立完成，师生间互动）。

**Step 9：评价——同伴互评（批判与评价）。**

教师抽取2份学生作品，展示一个评价标准，引导学生从两方面对作品进行评价。一方面，结局是否合理、是否符合故事里人物角色的设定以及剧情的发展。另一方面，这个结局是否既合理又让你意想不到，是否有创意。然后，让学生在小组内使用互评表交换互评。

**设计意图**：这部分能调动学生的积极性，让学生的作品得到及时反馈与评价，同时培养学生的批判性思维。见表3

**活动形式**：T-Ss、Ss groups（师生间互动，组内讨论）。

What do you think of the ending?

表3 小组互评表

|  | Yes! | Maybe. | No. |
| --- | --- | --- | --- |
| Is it reasonable? |  |  |  |
| Is it creative? |  |  |  |
| Is it logical? |  |  |  |

## 四、课例反思

### 1. 成功之处

笔者认为这节课有三处做得好的地方。

（1）引入部分既有趣又与课文内容相关，为后面的理解课文内容做了很好的铺垫。

（2）最后输出活动让学生续写故事，既结合本课所学内容又给予学生空间发挥，培养了学生的想象力和创造力。

（3）整节课的教学设计层层递进，由浅入深，活动安排较为合理。

### 2. 不足之处

但是这节课也有三处不足。

（1）没有突显本单元的话题Numbers。整节课更关注的是故事的内容，教师并没有在课堂里点明数字的魅力所在，显然没有抓住本单元的重点。

（2）文本分析不够透彻。作为一篇典型的故事，并没有深入分析文本，没有及时帮助学生树立文本意识。

（3）让学生续写故事后缺乏有效的评价与反馈。教师应当适当引导学生对所续写的结局进行评价。

听课的教师们对这节课有以下点评：这个单元的话题是数字，通过这个故事揭示数字的神奇和魅力。但是整节课并没有点出这个用意，感觉整节课与本单元话题不太相关。此外，作为一个典型的故事类文本，本课对故事这个体裁分析得不够深入。在设置问题时，有些问题可以追问得更深入细致一点。

因此，在原来的基础上，笔者对这份教学设计进行了修改，才有以上的内容呈现。

**3. 修改**

（1）Step 2增加了对文本的分析。原来的设计只关注预测故事的内容而忽略了对文本的分析。本次改进，在预测环节增加了一个文本分析的教学步骤，目的是引导学生关注文本，树立文本意识。由于学生在语文课上已经读过不少中文故事，因此学生对于故事类文本的特征和基本要素比较熟悉，教师在课上适当引导就能激活学生这部分的背景知识。另外，在针对标题和图片的设问中，原来的设问是Who is the king? 这样提问容易令学生困惑不知如何回答，本次改进把问题更改为Which one is the king?这样学生就能轻松地从图片中的2人中选出一个认为是国王的人作答。

（2）Step 4的内容修改了。Step 4考查学生的推理判断能力，教师给出4个推论，让学生通过阅读故事判断这4个推论是否正确。最初设计的时候前两个推论，分别是①The king didn't like playing games.②The king asked the wise man to play with him. 实际上它们并没有考查学生的推理判断能力。因此修改为上文在课例实践中的内容。修改后的推论要求学生要理解故事后进行推理才能做出正确的判断。

（3）Step 5增加了描述与阐释的内容。原来的设计只是让学生尝试根据课文内容的表述计算最后一格棋盘所需大米的数量，着重点只是理解和计算。实际上学生对于这个数字是没有具体概念的。增加图片和数据展示，则可以让学生更好地感知与注意到数字的神奇所在，一个小小的棋盘也能引出这样一串巨大的数字出来，从而让学生更好地体会本单元的主题"数字"。

（4）Step 7修改了题目，着重锻炼学生的批判与评价能力，以培养学生的高阶思维能力。原本的设计是让学生分析智者和国王两个人。但是在实际课堂中发现，学生对于智者的分析比较单一，而且原文中关于智者的描述也确实不多，所以在本次改进时把对智者的评价删掉，改为让学生评价本文的标题。标题作为故事给读者的第一印象，在故事类文本里是一个非常重要的要素，一个好的标题往往能吸引读者或者给予读者一些阅读的提示或者线索。因此，适当地引导学生关注、评价标题，对于故事类文本的理解是非常重要的。

（5）Step 9增加了评价这一部分，让学生同伴互评。原本的设计只关注想象与创新，忽略了写完之后的评价。因此，在本次改进中增加了对学生写作的评价。

## 五、收获

这次研究有三大收获。

### 1. 对故事类这种文本的认识更加清晰

之前一直认为故事类文本就是包含六要素：时间、地点、人物、事件发生的起因、经过和结果。但是通过阅读相关的文章才知道原来故事仅仅是记叙文的一种。新《课标》里的记叙文不仅有故事还包含其他体裁。

### 2. 对故事类文本的教学有了进一步思考

故事类文本的教学不应当只聚焦于故事本身的情节，而应该把目光放得更远一些，比如要关注故事所塑造的人物和故事的主题。以往笔者的课堂设计问题都是以细节类问题为主，实际上这些问题都属于低阶思维的问题。故事里的主角和主题实际上更值得笔者花时间引导学生去思考分析和评判。这样也能更好地促进学生的高阶思维发展。王蕾等指出，英语教学中的故事教学并不是单纯地讲述故事，而是以故事作为载体、作为语言材料，运用故事所具有的情境性、情节性、角色性、趣味性与寓意性等特征，充分发挥故事的功能，开展与故事相关的各种教学活动，以促进学生的英语阅读能力、批评鉴赏能力、思维品质、人文修养的发展与提高。

### 3. 对英语学习活动观有了进一步的了解

英语学习活动观的一个理念就是要层层递进地设计安排教学步骤。学习理解、应用实践、迁移创新这三个部分其实是递进关系。通过学习英语学习活动观，笔者对故事类文本的教学活动设计层次有了更明晰的理解，对故事类文本教学驾驭变得更加娴熟。在做故事类文本的教学设计时，学习理解类问题可以课文的细节题为主，应用实践类问题主要针对故事的内容和人物行为进行分析、推理与论证，而迁移创新重在对故事进行评判与续写创造。

附：

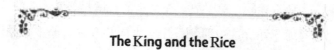

## The King and the Rice

A long time ago, there was a king in India. The king's favourite game was chess.

One day, a wise old man came to the palace and the king challenged him to a game. The king promised the old man, "You can have any prize if you win the game."

The old man said, "If I win the game, I'd like one grain of rice for the first square of the chessboard, two for the second, four for the third, and then double the amount for each of the rest of the squares."

"Is that all?" asked the king. "Wouldn't you like gold or silver instead?"

"No, just rice," replied the old man.

The king and the old man played the game for a long time. Finally, the old man won. So the king ordered his men to collect a bag of rice. He put one grain on the first square, two on the second, and so on. The king quickly realized the problem—even with all the rice in the country, he would still not have enough rice to put on all the squares!

教材图片（八年级上册Unit2 umbers 中的Reading：The King and the Rice）

# 如何在英语学习活动观下进行初中诗歌阅读教学设计

——以七年级下册Unit 7 Poems中的Reading为例

## 一、问题及思考

《义务教育英语课程标准（2011年版）》（以下简称《课程标准》）提出，初中生要能感知歌谣中的韵律，唱一些英文歌曲，背一定数量的英语小诗或歌谣。《课程标准》还进一步提出了中学阶段对英语诗歌教学的要求，即在探讨主题意义的同时，了解诗歌的语篇特征，欣赏英语诗歌语言中的节奏和韵律，体验英语诗歌的形式美、意境美，并形成对语言的审美感知能力；理解诗歌中的意象及修辞手法对意义建构的作用，并能够根据节奏、韵律、修辞，创作一定主题的英文诗歌。教师通过诗歌赏析教学，向学生介绍其文化习俗，有利于培养学生的跨文化交际意识和创造性思维。《中国学生发展核心素养》中提到，培养学生的审美情趣应立足感悟鉴赏和创意表达两个基本点。由此可见，诗歌是培养中学生英语核心素养，让中学生体会英语语言之美的重要渠道。

诗歌是重要的文学体裁，也是学习者了解、学习英语文化的重要途径。在目前的初中英语诗歌阅读教学中，教师往往以讲解知识点为主，重视提高学生的做题能力，而忽视了培养学生的思维品质和审美能力。此外，诗歌在初中三个年级的教材中出现的频率并不高，诗歌教学因此未能引起教师的足够关注。很多教师把诗歌当作一般的阅读材料来处理，未能突出诗歌的文体特征；把一首首优美、灵动的诗歌肢解成词、句、篇等语言知识点的堆积，不带领学生去诵读、感悟和思索，无法使学生赏析其丰富的内涵和优美的意境，对诗歌只有零碎的感性认识，这样不仅偏离了诗歌体裁的特点，还难以让学生在欣赏美的过程中体会诗歌的语言特点，从而培养学生的英语诗歌鉴赏能力和创作水平。

作为英语阅读的一个重要组成部分，诗歌阅读在英语教学中的地位不可忽视。如何在英语新《课标》的理念下进行初中英语诗歌教学须引起我们关注。

## 二、诗歌的文体特征

英文诗歌的语言高度凝练，结构严谨，意境丰富，韵律优美，字里行间隐含着丰富的信息。它们还承载着英语国家丰富的语言文化、思维方式、文化意识和传统习俗。作为一种文体特征鲜明的文学形式，诗歌主要包含三个特点：语言的音乐性、表达的简洁性和意境的丰富性。

### 1. 语言的音乐性

朱自清说："诗原是'乐语'，是诗的生命在唱。"可见音乐是诗歌的灵魂，诗歌和音乐有着密切的关系，它和音乐一样，有鲜明的节奏感，这是它与其他体裁文本的语言相区别的重要标志之一。诗歌的音乐性表现在节奏和押韵上。节奏是音与音之间有规律的运用而产生的和谐流畅的旋律，押韵是指不同的词语具有相同的语音在诗节中一定的位置上（一般都在句尾）有规律反复再现。规律有序的押韵又增强了诗歌行云流水般的节奏感。诗歌的音乐性与诗歌抒发的情感有密切的关系，读者可通过大声反复朗读、吟诵等方法感悟诗歌抑扬顿挫的押韵，以更好地欣赏诗歌的魅力。

### 2. 表达的简洁性

诗歌的语言源于生活，诗歌用优美简洁和不同寻常的语言将意义、情感或想法传达给读者。诗歌的语言比较简练，句型上有时呈现"片语（phrase）"的特点。虽然不同于其他文本的语言，其更为准确和完整，诗歌的句型有时不够完整，但更有想象空间。诗歌常常会运用意象、文字联想和音效产生审美效果，从而唤起读者的情感和想象。虽然语言短小精湛，但是都是诗人经过反复推敲出来的，包含了比喻、比较、排比、拟人、借代等丰富的修辞手法，增强了语言的美学效果，其中所体现出来的内容和情感是无限丰富的。诗歌文本的简单特点容易激发读者的阅读兴趣，引起情感共鸣，读者会更好地理解语言所带来的魅力。

### 3. 意境的丰富性

英国著名的湖畔诗人华兹华斯说过："一切好诗歌都是强烈情感的自发涌流和自然流露。"可见，一首好诗必有其深远的意境。诗歌的目的不是单纯地咏物，借助情景交融的意象含蓄内敛地抒怀言志才是诗歌的主题内涵。诗歌较之其他文体，情感的表达更为强烈，在其丰富饱满的情感背后都隐藏着一个深远的意境。因此，读诗能让读者意会作者诗中蕴含的美景和深情，让读者在自己的脑海中还原诗人心中的优美画面，感受作者的情愫。这种意会和还原与读者本人的文化底蕴和人文修养有很大关系。诗歌通过意境唤起读者的某种感官体验，读者会受其生动的意境和其所带来的情绪影响，从而对诗歌产生更大的兴趣，对英语语言学习的欲望也随之加深。我们要想挖掘诗歌深远的意境，感悟诗歌内在的哲理，就要从理解走向赏析，透过诗歌意象的表达去揭示诗歌所蕴含的主题。

以上诗歌文体特征决定了其独特的教学内容，诗歌教学要从诗歌的文体特征出发，本着"多一些朗读，少一些分析；多一些自我体验，少一些微言大义"的原则，将教学目标定位为感悟和赏析，而不仅仅是简单的文本表层信息的提取。我们既要让学生欣赏诗歌的语言，也要让学生领悟诗歌所暗含的情感和想要表达的主题意境，以提高学生鉴赏能力和人文素养为目标，这样的教学目标与核心素养下的英语学习活动观才是相辅相成的。因此，英语诗歌教学要从诗歌的文本特征出发，在英语学习活动观理念的引领下，通过一步步的学习活动深入挖掘出诗歌蕴含的情感与独特的艺术魅力。

## 三、课例实践

诗歌教学可以从解读诗歌语言之简洁、音乐之美入手，通过感悟、诵读、鉴赏等活动，让学生领悟诗歌的意象之美，并最终借助仿写诗歌使学生成为诗歌的创作者，体验诗歌学习带来的愉悦和美好。具体的教学过程为：第一，学习理解类活动（感知与注意、获取与梳理）——教师围绕主题创设情境，激活学生的认知。然后，通过范例导入，让学生了解诗歌的赏析维度，感知诗歌的形式美、音韵美和意境美。第二，应用实践类活动（分析与判断、内化与运用）——学生学以致用，赏析英语诗歌，正确把握诗歌的主题意义，逐步赏析诗歌的文体特征与修辞手法，探讨其意象、情感表达与主题意义的关联，品鉴诗歌之美。第三，迁移创新类活动（想象与创造、批判与评价）——学生通过模仿、想象等方式，通过自主、合作、探究的学习方式进行迁移创新，创作并分享诗歌。在分享诗歌时，学生根据评价内容content（Form、Method、Feeling、Read）进行合理评价。

【课堂案例】

本文以上海教育出版社英语教材七年级下册Unit7中Reading的诗歌阅读为例，阐述基于文本特点和英语活动观理念下的初中英语诗歌教学的实施过程。（见图1）

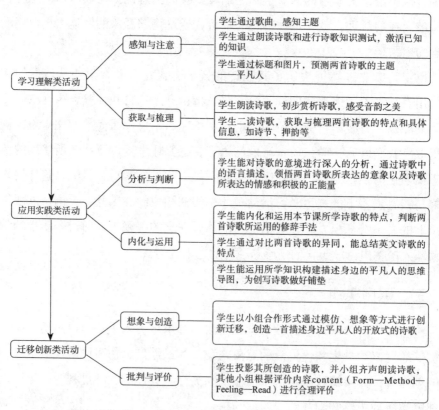

图1　英语学习活动观下的初中英语诗歌欣赏课的教学流程

（一）背景

**1. 主题语境**

本单元的主题语境是"人与社会"大主题下的主题群——社会服务与人际沟通。

**2. 语篇类型**

本节阅读课是单元主题Poems下的两首诗歌My Dad和The Old Newspaper Seller。这是两首现代英语小诗，以独立的篇章形式呈现，诗歌短小，易于阅读与朗诵。

**3. 授课时间**

40分钟。

（二）文本分析

**1. 主题和内容（What）**

本课主要包含My Dad和The Old Newspaper Seller这两首现代英文小诗，题材是关于两个普通人的工作和生活。第一首诗歌My dad讲述了小作者的父亲在生活中和工作中两种不同的状态以及小作者对父亲态度的变化。第二首诗歌The Old Newspaper Seller讲述了一个卖报老人总是微笑着对待身边的人，而作者也希望这个城市能够有更多的微笑。两首诗均从生活中选材，贴近学生生活实际。

**2. 主题和作者（Why）**

My Dad：作者通过描写爸爸在生活中和工作中截然不同的表现，突出了"My dad is a super man"的主题。

The Old Newspaper Seller作者通过描写一个卖报老人在烈日下、在其他过路人的冷漠中依然保持微笑、乐观积极的态度，突出了"Let's make a million smiles!"的主题。两首诗歌的作者都是突出通过描写平凡的人，点明了我们身边一些普通人平凡却伟大，并在诗歌中表达出我们应该尊重身边的平凡人和找到他们的亮点，对世界要充满正能量的愿望。

**3. 文体和语言（How）**

两首诗歌语言简洁，生词和短语不多，如narrow、rush out、a crowd of等均可以通过上下文及情境猜测其意义，整体阅读难度不大。文中的标题、配图能帮助学生快速浏览以及了解诗歌的意境。两首诗歌均从生活中选材，贴近学生生活实际。My Dad分两个诗节。诗中很多句子的末尾具有押韵的特点，运用了先抑后扬、前后对比的写作手法表达了作者对爸爸的崇拜和敬意。The Old Newspaper Seller分六个诗节，诗中没有押韵，通过"He's smiling"这样的句子反复描述卖报老人在不同场景下都能保持积极乐观的精神状态，传达积极乐观的正能量。通过阅读这两首诗歌，学生了解了诗歌的体裁特征等基础知识，学会从押韵、用词上简单分析诗歌的特点以及作者所表达的情感，同时也为后续的口语表达和写作做了更好的铺垫。

### （三）学情分析

初中阶段是中学生想象力和创造力快速发展及诗意萌发的时期。经过半年多的学习，学生在英语学习方面兴趣较高，有一定的词汇积累和阅读技能。本课两首诗歌讲述的是与学生生活息息相关的普通人，加上独特的诗歌体裁，对学生有较大的吸引力。本次授课班级的大部分学生语言能力较好，阅读难度不大。但对于部分基础相对薄弱的学生来说，写诗歌较有难度。

### （四）教学目标

本节课作为本单元的第一节课，定位为激发学生对诗歌的兴趣、引出单元主题、铺垫及丰富诗歌知识。教学目标为：

（1）学生通过歌曲，感知本节课的阅读主题及诗歌具有的韵律美和音乐美。

（2）学生通过朗读诗歌以及诗歌特点小测，注意到诗歌的特点，例如押韵、分诗节和诗行、使用短句子、对比、重复等。

（3）学生通过读图及看文章标题，推测阅读内容及主题。

（4）学生通过朗读、初步赏析诗歌，概括、整合信息，获取与梳理两首诗歌中的基本文本特征和信息，如诗节、押韵、人物、地点、事情等。

（5）学生能对诗歌的意境进行深入分析，通过诗歌中的语言描述，领悟两首诗歌所表达的意象以及诗歌所表达的情感、积极的正能量。

（6）学生能内化和运用本节课所学诗歌的特点，判断和分析两首诗歌为了表达意象所运用的比较、重复（排比）的修辞手法。

（7）学生能运用本课所学知识，构建文中两首诗歌的异同点和描述Ordinary people的思维导图，为创写诗歌做好铺垫。

（8）学生能以小组合作的形式通过模仿、想象等方式，进行创新迁移，创作一首描述身边普通人的开放式的诗歌。

（9）学生能通过师生互动与诗歌中表达的正面、积极的情感产生共鸣，通过创作进一步感知中英文诗歌的异同，形成文化认同感，提高鉴别能力。

**（五）教学过程**

**1. 学习理解类活动（感知注意、获取梳理）**

**第一步：**学生围绕所创设的主题情境感知与注意诗歌的旋律。

教师创设情境，播放《爸爸去哪儿》的英文主题曲，提出问题"Can you find out some words with similar sounds"，让学生通过跟唱，尝试找出歌曲中含有的押韵词。

**设计意图：**本活动的目的是通过熟悉的旋律，激发学生的学习兴趣，让学生唱读结合，找出本首歌的押韵，并总结出押韵词的特征："Rhymes usually mean different words with the same sound. They often appear at the end of the sentences。"（见图2）

**活动形式：**T–Ss（教师与多个学生互动）。

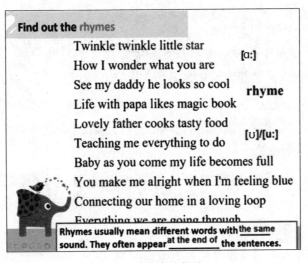

图2　歌曲中的押韵

**第二步：**学生朗读诗歌Footprints并完成Quiz about poems，获取与梳理诗歌的基本特点。

（1）学生大声朗读Footprints这首熟悉的诗歌，找出诗歌的特点：押韵、分诗节和诗行、使用短句子、句首大写等。（见图3）

**设计意图**：本活动的目的在于通过学生熟悉的诗歌，帮助学生建构对英文诗歌特点的理解，并通过追问方式，引用《静夜思》引导学生对比中英文诗歌在内容和押韵上的异同。

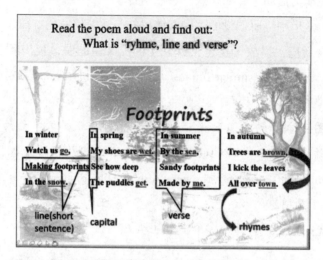

图3　诗歌Footprints的特点

（2）引用教材中检测学生对英文诗歌特点了解程度的测试，引发学生思考英语诗歌的特点。在获取与梳理英语诗歌特点的过程中，教师引导学生在诗歌阅读中，思考并关注：①是否所有的诗歌都具有押韵的特点（暂时不给予正确答案，在学生阅读完后面的两首诗歌后再做总结，以此培养学生的批判性思维）；②诗歌的其他特点。

**设计意图**：本活动的目的在于引发学生对英语诗歌特点的思考，允许学生有自己的观点，教师不给予直接的纠正，而是让学生在后面学习本课两首诗歌时边体会、边总结。（见图4）

**活动形式**：Ss-T（全班学生回答教师问题）。

> **Quiz about poems**
>
> The following is a quiz about poems. Decide whether the following are A(Agree) or D(Disagree).
>
> 1. We only use difficult words in poems.
> 2. All poems must have rhymes, e.g.,cat l fat.
> 3. Poems are not only for children.
> 4. Poems can tell stories.
> 5. All poems use complete sentences.
> 6. We can write poems about our feelings and ideas.

图4　英文诗歌小测

**2. 学习理解类活动结合应用实践类活动**

（1）学习理解类活动（第一首诗歌My dad）。

**第三步**：通过概括、整合与分析信息，让学生理解第一首英文诗歌My dad。

① 预测：让学生根据两首诗歌中的两幅图片推测这两首诗歌将会提及哪一个人物。然后通过追问，让学生得出my dad和the old newspaper seller均是平凡人（ordinary people）。

设计意图：本活动的目的在于让学生读图及注意题目，引导学生预测阅读诗歌的话题，引发学生进一步阅读的兴趣，同时也为后面的阅读主题和内容梳理了一个整体的主题框架。（见图5）

活动形式：Ss–T（全班学生回答教师问题）。

> **Prediction**
>
> Look at the pictures, who may be talked about in the two poems?
>
> ordinary people

图5　主题预测

② 教师播放My Dad录音，让学生边听边读，找出诗歌中的押韵词，并感受诗歌的语言美和情感表达。（见图6、图7）

**设计意图：** 本活动的目的在于帮助学生从诗节、押韵上感受英语诗歌的特点。

活动形式：whole class、T-Ss（全班学生集体朗读，师生间互动）。

图6 感受诗歌

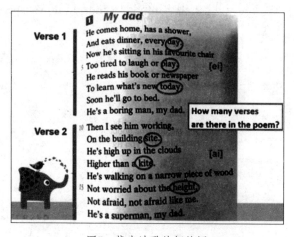

图7 找出诗歌的押韵词

③ 引导学生深入文本，通过扫读的阅读技巧理解诗歌。通过两个阅读问题"What does the poet think of his dad in verse 1? Why？"和"What does the poet think of his dad in verse 2? Why？"，逐步引导学生简单描述小诗人的爸爸日常在家的活动和表现，让小诗人觉得爸爸是个无聊的人。然而在第二部分，小诗人看到爸爸在工作中"Not worried & not afraid"的勇敢表现，改变了对爸爸的

看法，有了 "He's a super man, my dad" 的观点转变。此时，可通过追问的方式，让学生思考用一个形容词代替superman来描述爸爸，进而理解作者对爸爸的情感——崇拜和尊重。在此基础上，通过追问的方式，让学生推理出本首诗歌是运用了对比的修辞手法，值得学生学习与借鉴。

**设计意图**：本活动的目的在于通过问题、图片、语言表达理解诗歌中情节和情感，归纳出所运用的写作手法。（见图8、图9）

**活动形式**：Ss groups、T-Ss（组内讨论、教师与多个学生互动）。

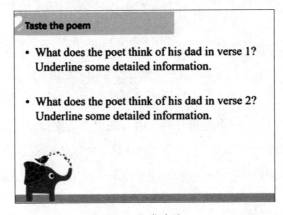

图8　鉴赏诗歌

图9　诗歌分析

（2）应用实践类活动（第一首诗歌My Dad）。

**第四步**：学生对诗歌进行分析与判断，小组探讨后表达个人观点。

学生再次深度鉴赏第一首诗歌，通过小组讨论分析 "What are the poet's feelings

about his dad", 得出小诗人对爸爸的崇拜和尊重之情。此时教师通过追问的方式对学生进行情感引导——应该尊重家人及身边的普通劳动者。（见图10）

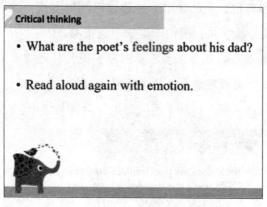

图10 批判性思考

**第五步**：学生内化与运用所获得的语言知识与文化知识。

学生有感情地朗读诗歌，进一步品味诗歌。在朗读前，教师点拨朗读技巧，引导学生在朗诵中留意自己的pronunciation、intonation、rhymes和feelings。（见图11）

**设计意图**：本活动的目的是让学生通过领悟诗歌中的意象和情感表达，并在此基础上进行朗读体会，进而更好地理解小诗人对爸爸的敬爱之情，感受诗歌的音韵美。

**活动形式**：Ss groups、T–Ss、whole class（组内讨论、教师与学生互动、集体朗读）。

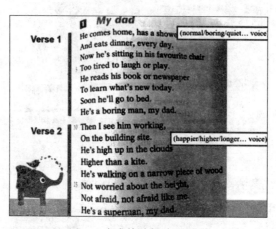

图11 有感情地朗读My dad

（3）学习理解类活动（第二首诗歌The Old Newspaper Seller）。

**第六步**：学生通过概括、整合与分析信息，理解第二首英文诗歌The Old Newspaper Seller。

① 教师播放The Old Newspaper Seller录音，让学生边听边读，并通过回答 "How many verses are there in the poem? Are there any rhymes? 总结并不是每首诗歌都有押韵，感受诗歌的语言美和情感表达。（见图12）

图12　朗读诗歌The Old Newspaper Seller

② 引导学生深入文本，通过扫读的阅读技巧理解诗歌。通过两个阅读任务 "What is the difference between the old seller and the people passing by?" "What does the poet suggest? 对诗歌进行深度理解。通过简单地描述场景和原因，留意尽管天气炎热，老人仍然在微笑，就算人们买报时匆忙、没有任何回应，老人依然保持微笑。通过重复的修辞手法，以及诗人的呼吁 "Let's make a million smiles"，体会卖报老人传达积极的正能量。（见图13）

**设计意图**：本活动的目的在于让学生通过问题、图片、语言表达，理解诗歌的特点和情感表达。

**活动形式**：whole class、T–Ss（集体朗读、教师与多个学生互动）。

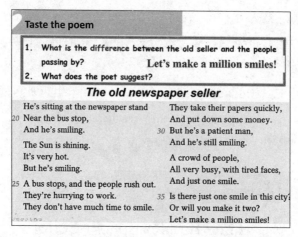

图13　品读诗歌The Old Newspaper Seller

（4）应用实践类活动（第二首诗歌The Old Newspaper Seller）。

**第七步**：学生对诗歌进行分析与判断，小组探讨后表达个人观点。

学生再次深度品读第二首诗歌，通过小组讨论进行Critical thinking分析，"What can we learn from the old newspaper seller？"从而归纳总结出卖报老人所传递的positive、patient、generous等正能量，最终引导学生向他学习积极乐观的精神。（见图14）

**设计意图**：本活动的目的在于鼓励学生走进文本，解读及感悟诗中所传递的正能量，并归纳所运用的写作手法。

**活动形式**：Ss groups、T–Ss（组内讨论、教师与多个学生互动）。

图14　对The Old Newspaper Seller进行批判性思考

**3. 应用实践类活动**

**第八步**：学生比较所学两首诗歌的异同，总结诗歌的形式与意义。

学生从诗歌的主题、形式、修辞手法、感情表达这几方面总结和归纳这两首诗歌的共同点和不同之处。同时，教师引导学生概括所学的这两首诗歌，通过思维导图的框架进一步总结有关诗歌特点的思维导图。（见图15、图16）

**设计意图**：本活动的目的在于帮助学生总结诗歌的特点，鼓励学生在诗歌创作中运用多种形式的语言表达自己的情感。

**活动形式**：Ss-T（全班学生回答教师问题）。

| Comparison | pass positive power<br>Similarities and Differences | |
|---|---|---|
| | My Day | The Old Newspaper Seller |
| 1. Topic | Ordinary people | Ordinary people |
| 2. Form | Rhymes, 2 verses | 6 verses |
| 3. Method | Comparing | Repeating |
| 4. Feelings | Love for his dad | Be positive and smile! |

图15 比较两首诗歌的异同

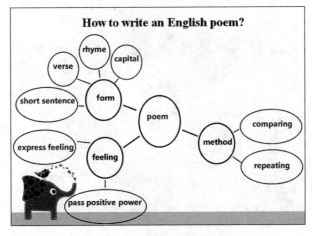

图16 总结诗歌特点的思维导图

**第九步**：学生内化本课所学知识，构建描述"ordinary people"的思维导图。

学生结合课文两首诗歌的共同点——身边的平凡人，通过小组讨论，构建描述平凡人的思维导图（从外貌、性格、爱好、工作等方面进行描述）。（见图18、图19）

**设计意图**：本活动的目的在于让学生通过小组讨论构建描述人物的思维导图，为下一步创写诗歌做好铺垫。

**活动形式**：Ss groups、T–Ss（组内讨论、教师与多个学生互动）。

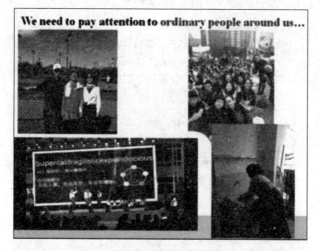

图17 头脑风暴——身边的平凡人

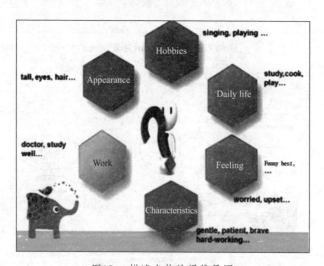

图18 描述人物的思维导图

#### 4. 迁移创新类活动

**第十步**：学生在新的语境中进行想象与创造；运用所学语言，借助思维导图，发散思维并最终创造诗歌。

以小组合作的形式让学生通过模仿、想象，进行创新迁移，创作一首描述身边普通人的开放式的诗歌。（见图19）

**设计意图**：本活动的目的在于让学生通过本课所学的诗歌知识，学会思考，初步尝试诗歌创作。

**活动形式**：Ss groups（组内讨论、组内写作）。

### Writing Task: Create it!

- Group work: write at least 6 lines describing a person around you, following one of the two poems.
1. Use rhymes as possible.
2. Use writing methods as possible, such as comparing and repeating.
3. Pass positive power!

图19 创写诗歌的要求

**第十一步**：学生对各小组的诗歌进行合理的批判与评价。

在小组展示诗歌（小组集体朗读诗歌或实物投影仪投影所创作的诗歌）的时候，学生根据评价内容content（Form—Method—Feeling—Read）进行合理的评价。

**设计意图**：本活动的目的是使学生结合本课所学知识和评价内容，对其他人所创作的诗歌进行积极合理的评价。（见图20）

**活动形式**：T-Ss、Ss groups（教师与学生间互动，小组展示并有感情地朗诵诗歌）。

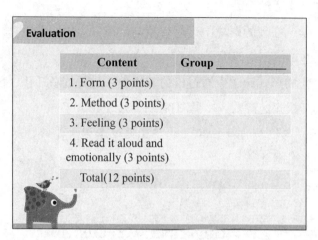

图20　小组互评标准

　　学生最终呈现出来的作品是令人惊喜的（见图21、图22）。

图21　学生作品（1）

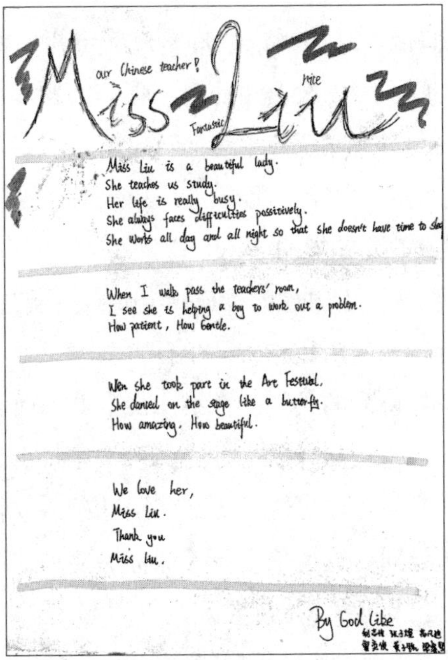

图22　学生作品（2）

## 四、课例反思

本次诗歌阅读教学的课堂实践采用的是英语学习活动观下的"学习理解类活动—应用实践类活动—迁移创新类活动"的基本教学活动模式。教学活动基于课文又不拘于课文，有效地整合了教学内容和诗歌的文体特点，灵活引导学生从诗歌的三个维度（音美、形美、意美）感受诗歌之美，达到让学生尊重平凡的人和保持积极的生活态度的目的，是一堂有温度的课。通过引导学生有感情地反复朗读诗歌及创造诗歌，循序渐进地鼓励激发学生对诗歌的喜爱之情和创作欲望。

但是，由于本堂课教学设计容量较大，活动较多，因此在创写诗歌和分享诗歌环节产出时间稍显仓促，学生小组互评部分所花时间较长。另外，由于该班的学生基础能力较好，教师的指导时间可以压缩，可以让学生看PPT上的指示来进行个人活动和小组合作活动。为此，做了一些教学上的调整：

**1. 精简课堂指令性语言**

在第二次上此课时精简了许多课堂的指令式的话语，许多阅读问题，思考性、讨论性的问题都放到了PPT上，代替了第一次上课的反复强调问题和指令，这样节省了很多的时间让学生根据问题进行阅读、思考与讨论。时间明显比第一节课松动了不少，课堂的节奏也变得更加紧凑、流畅。

**2. 通过预学案帮助学生初步知晓中英文诗歌的异同**

第一次上此课，在leading-in部分，引导学生通过朗读Footprints这首诗，找出英语诗歌的特点（押韵、分诗节和诗行、使用短句子、句首大写等），背诵中文诗歌《静夜思》，简单地比较了中外诗歌的异同。在第二次上此课时，把这部分内容放到了课前预习学案中，让学生找出诗歌的押韵、诗节等特点，并对中英文诗歌进行鉴赏和比较异同。学生明显能更快、更准确地掌握诗歌特点，并能通过比较初步知晓中英文诗歌的异同。这也符合新《课标》要求，即英语学习者要关注中外文化异同，形成文化认同感，提高鉴别能力。

**3. 读后引导学生回归读前思考的问题，培养学生的思辨能力**

在pre-reading部分，引导学生进行了诗歌特点的小测。允许学生有自己的观点，不直接给予纠正，而是在后面学习本课两首诗歌时让学生边体会、边总结。在另外一个班，在第二次上此课时引导学生比较两首诗歌异同点后，再次回到这个测试，让学生根据本堂课所学的知识解除之前的疑惑（例如，是否每首诗歌都有押韵？）。改进之后，更能帮助学生总结诗歌的特点，不被诗歌的押韵所困，大胆在诗歌写作中运用多种形式的语言，表达自己的情感和思想。

**4. 给予学生更多思考、讨论的时间，让学生成为课堂的主人**

在第一次课堂上，在引导学生比较两首诗歌异同点后，帮助学生用思维导图从Form、Method、Feeling三个方面总结了英文诗歌的特点，但是更多的是由教师进行总结、在PPT上展示。在第二次课上，则把更多的时间给予学生，让学生进行小组讨论和构建自己的思维导图。通过展示部分小组构建的思维导图，引导学生一起得出英文诗歌Form、Method、Feeling的特点，并进行板书。改进之后，更充分体现了学生的学习主体性，学生的创造能力也得到发展和提高。

### 5. 简化小组互评的评价标准

在第一次课堂的最后一部分让各小组上台展示他们所创作的英文诗歌并朗读，由于同时引导学生通过评价表（Form-Method-Feeling-Read）进行评价，评价比展示所花的时间多，最终展示的小组只有两组。在第二次课堂，因为考虑学生刚接触诗歌，应以鼓励为主，把评价标准变得更为简单，每个小组只要能在讲台上投影出他们的作品和大声朗读他们所创作的诗歌，主题符合、感情充沛、积极向上，即可获得5分的小组奖励，而将原来设计的具体评价放到下节课（学生有更多时间准备和精心打磨自己的诗歌）。第二节课更多的学生有了大声朗读小组创作诗歌的展示机会，就连平时英语能力较弱和缺乏信心的孩子，都能勇敢地站在讲台上展示自己，而学生的朗读也让人很振奋、愉悦，学生乐在其中，充分享受到了创作诗歌的乐趣。

## 五、收获

诗歌在初中英语教材中所占比例虽然很小，但是它特有的文体特征和教学价值是其他文体无法代替的。因为诗歌的学习能丰富学生的文学体验，有利于提升学生的感悟能力、鉴赏能力和人文素养，符合人与自我、人与社会、人与自然的主题教育语境的价值导向。笔者通过这次的课例研究，有三大收获。

### 1. 深入解读文本，让诗歌教学变得更有诗性

本次课例研究从新《课标》中"培养学生的文化品格及思维品质"出发，带领学生从形美、音美、意美的三个意境一起感受了诗歌之美。从英文歌曲Where are We Going, Dad?引出话题，在读后部分进行了朗诵和写作练习，鼓励学生运用诗歌表达情感。课堂设计层层深入，师生互动性强，引导学生开拓思维、积极讨论，在诗歌中感受到了对平凡人的尊重并端正了乐观的生活态度。而学生最终创造的诗歌，更是让人惊艳。这是一堂充满诗意的课堂。

因此，在初中英语诗歌阅读课中，教师要深入解读诗歌文本，尊重诗歌文体的本质特征，从语言、形式、意义等方面改变单纯分析诗歌文本内容的传统阅读教学模式，通过让学生感悟诗歌的形式美、音韵美、意境美，使学生充分感受到诗歌的魅力，让诗歌的阅读课堂更富有诗性，从而更好地激发学生享受品读诗歌带来的愉悦。

**2. 课堂中的语言活动和思维活动要相得益彰**

基于英语学习活动观下的教学设计，课堂中的语言活动和思维活动要交相辉映、相得益彰。在初中英语诗歌欣赏课中，教师一方面要分析诗歌的表层意义，注重分析诗歌的韵律、语言、节奏和写作手法等特点；另一方面要在理解诗歌的基础上，渲染诗歌之美的氛围，根据英语学习活动观所倡导的教学活动三步骤（学习理解类活动—应用实践类活动—迁移创新类活动）逐步启发学生挖掘深层意义，鼓励学生自主分析判断，表达观点，感悟诗歌的形式美、音韵美、意境美，正确把握诗歌的主题意义。这样的诗歌阅读欣赏课堂，才能培养学生的英语诗歌鉴赏能力和创作水平，培养学生的逻辑思维、批判思维和创新思维，从而实现培养学生的英语学习核心素养的目的。

**3. 小组活动应贯穿课堂始终**

小组活动应贯穿课堂始终，让学生的合作学习能力得到有效发挥，使其成为学习的主体。梅德明、王蔷在2018年指出，教师要在教学中引导学生学会与人沟通，培养他们合作完成学习任务的能力。合作学习是培养学生自主学习能力的一个非常重要的方面。

本课例中，教师精心设计教学活动，将小组活动贯穿始终，学生的积极性和创造性得到充分调动，真正成为课堂的主人，最终呈现的回答和诗歌也让人惊艳。"授人以鱼不如授人以渔"，在初中英语诗歌阅读课堂中，小组活动应该贯穿整个课堂，这样学生才能通过各个层次的活动和小组合作学习，对诗歌进行思考、赏析，将课内所学的英语诗歌赏析策略自觉运用于实践，从而培养、提升了自主学习能力，体现了学习的主动性。

附：

**1** *My Dad*

He comes home, has a shower,
And eats dinner, every day.
Now he's sitting in his favourite chair
Too tired to laugh or play.
He reads his book or newspaper
To learn what's new today.
Soon he'll go to bed.
He's a boring man, my dad.

Then I see him working,
On the building site.
He's high up in the clouds
Higher than a kite.
He's walking on a narrow piece of wood
Not worried about the height,
Not afraid, not afraid like me.
He's a superman, my dad.

**2** *The Old Newspaper Seller*

He's sitting at the newspaper stand
Near the bus stop,
And he's smiling.

The Sun is shining.
It's very hot.
But he's smiling.

A bus stops, and the people rush out.
They're hurrying to work.
They don't have much time to smile.

They take their papers quickly,
And put down some money.
But he's a patient man,
And he's still smiling.

A crowd of people,
All very busy, with tired faces,
And just one smile.

Is there just one smile in this city?
Or will you make it two?
Let's make a million smiles!

教材图片（七年级下册Unit7 Poems）

87

# 如何在英语学习活动观下进行初中
# 说明文阅读教学设计

## ——以科普类语篇九年级下册Unit 3中的
## Reading：The World is in Danger为例

## 一、问题及思考

作为一种常见的体裁，说明文是以说明为主要表达方式的，介绍的是事物的形状、构造、性质、变化、类别、状态、功能、成因和结果等。说明的目的是给读者提供知识，使之了解客观世界，掌握解决问题的方法。其中，科普说明文（以下简称"科普文"），是一种以介绍科学技术知识为目的，对某个事物、问题或现象进行说明或解释的文体，涉及的内容广泛。就上海教育出版社义务教育英语教材而言，科普文占了较大比例，内容主要包括自然、世界与环境（如七年级上册A Unit 4中的The Four Seasons, The Weather in China；七年级下册 Unit 4中的The Amazon rainforest；七年级下册 Unit 5中的Facts about water；七年级下册 Unit 6中的Electricity Safety Tips；八年级下册Unit 5中的The Giant Panda；九年级下册Unit 3中的The World is in Danger），科学与技术（八年级上册 Unit 3中的Computer Facts；八年级上册Unit 4中的Great Inventions）以及生物医药（八年级上册Unit 7Memory中的How to improve your memory；九年级上册Unit 3中的How to Communicate with Your Parents；九年级下册Unit 3中的How to Lead a Balanced Diet, Growing Up）等，是初中英语阅读必不可少的组成部分。同时它还是目前中考英语命题的热点和必考点。

　　然而，目前国内缺少对初中英语科普文的文本分析研究，有关中小学科普文阅读教学的研究也寥寥无几。科普文阅读教学之所以困难重重，主要原因在于三点：一是相比故事性强的叙事类文本而言，抽象的科普文本与学生的真实情感和生活经历关联度不高，这使科普文阅读对学生的吸引力不强；二是复杂的句式和大量的专业词汇给学生的阅读造成了一定的障碍；三是现行的英语教材多按话题组织和编排，语篇的文体特征常被忽视。大部分教师在科普文阅读教学中只侧重重点词及长难句的讲解。这往往导致学生所接受的都是浅层、碎片化的信息，无法形成整体的科普语篇意识，这对学生思维品质、文化意识和学习能力等英语学科核心素养的培养更是无从谈起。

　　要想解决这些问题，学习活动观下的科普文阅读教学不失为一种有效的途径。与其他文体相比，英语科普文具有鲜明的文体特征，需要教师深入解读文本，有针对性地设计和实施阅读教学活动。

## 二、科普文的文体特征分析

　　科普文一般由标题（Title）、导语（Introduction）、正文（Main body）和结尾（Summary or conclusion）等部分构成，其文体特征体现在以下方面。

### （一）语篇特征

　　从语篇结构层面来看，科普文常采用一般—具体（genera-specific）、问题—解决（problem-solution）的模式。从语义结构层面来看，科普文的标题反映全文的中心话题，是对主题的概括和提炼；导语位于文章的首段，旨在引出说明对象、内容或提出问题；正文围绕主题逐层展开，具体阐述说明对象或分析问题；结尾部分总结说明的对象或解决问题的方案。以这样的方式建构文章，既有利于阐述不同的科学理念和解释某种科学现象，又能使结构紧凑简洁、层次分明。

### （二）语言特征

　　科普文的语言具有准确严谨、富有逻辑、简明扼要等特征。在词法上，科普文多使用正式而准确的词汇来表达严谨的科技信息。话题语块往往通过同（近）义、上下义、反义词复现以及指代等衔接手段把相互关联的词汇链接成一个语义网，使整个语篇前后连贯、易于理解。在句法上，科普文的句子多以分词短语代替定语、状语从句修饰名词或充当状语，或以复合句如定语从句增加语篇中的信息量等。名词化结构的大量使用也是其鲜明的语言特点之一。信息点密集、句式复杂凸显了科普文富有逻辑的特点，读者在获取众多科技信息的同时，可以体会句中隐含的主次和因果关系。 在时态上，科普文常使用现在时，旨在说明自然界中的客观事物、概念和原理等。为了增强客观性，科普文还时常隐去人称主语，多使用被动语态。在修辞上，科普文多采用简明扼要的语言下定义，引用各种数据和案例加强文本的说服力或将相互联系的事物进行类比、对比来分析事物的前因后果，以提升说明事物的效果。

### （三）文本特征

科普文常配有标题，小标题，照片或图片。

## 三、课例实践

结合科普文的文体特征，本文以上海教育出版社英语九年级下册Unit 3 The World is in Danger为例探讨如何基于英语学习活动观实施科普文的阅读教学。

### （一）背景

#### 1. 主题语境

人与自然——自然灾害与环境保护。

#### 2. 语篇类型

说明文。

### （二）文本分析

#### 1. 主题和内容（What）

本单元的主阅读篇章以环保为主题，以环境问题为主线，标题是The World is in Danger，主要介绍了导致地球处于危险中的三大因素，即温室效应、滥伐森林以及人们的不良生活习惯。

#### 2. 文体和语言（How）

文章体裁是以保护环境为主题的科普说明文，由标题（Title）、导语（Introduction）、正文（Main body）和结尾（Summary or Conclusion）4个部分组成。在导语部分，作者提出了地球处于危险中这一环境问题；在正文部分，作者分析了问题的成因，即导致地球处于危险中的温室效应、滥伐森林以及人们的不良生活习惯三大因素及其相应的后果；在结尾部分，作者提出了解决环境问题的一些建议。本语篇采用的是问题—解决（problem— solution）的模式，即提出问题→分析问题→解决问题的行文方式。问题部分的内容具有并列关系，结构非常清晰。

文中大量使用一般现在时的句子来描述地球面临的三大危险，并用含有情态动词should的句子提出解决环境问题的建议。本语篇与环保主题相关的语块通过上下义词（in danger, greenhouse effect, atmosphere, temperature, lifeless, fuel, coal, increase, sea level, destroy, nature, surface, soil, result in, flood, habit, proper, take action, recycle, purpose, make a difference）复现、同（近）义词（green, friendly）复现以及指代等衔接手段聚集成一个语义网，使整个语篇前后连贯，易于理解。

文中还用了be like把大气层比作温室的玻璃；用the same as把没有大气层的地球类比成月球；用different from把读者与大部分的消费者进行对比。

虚拟语气的语用功能、标题、小标题和配图的直观效果等，都凸显了文本环保的主题意义。

### 3. 主题和作者（Why）

作者旨在通过本文展示上述三大因素给地球造成的严重后果以及保护环境的方法，引导读者了解更多的环境问题和环保措施，引起人们的共鸣和警示，进而使人们学会通过绿色的生活方式保护环境。

这是该文章的核心，教材编者安排初中生学习此课，是希望此课的学习有助于他们了解地球目前面临的危险以及保护环境的方法，树立保护环境、绿色生活的意识，因此应引领学生进行主题意义探究，帮助学生获得此认识。

现基于What、How、Why三方面的解读，围绕主题意义梳理内容之间的内在逻辑关系，提炼出相关内容的结构化知识（见图1），以实现对文本主题意义真正地理解和把握。

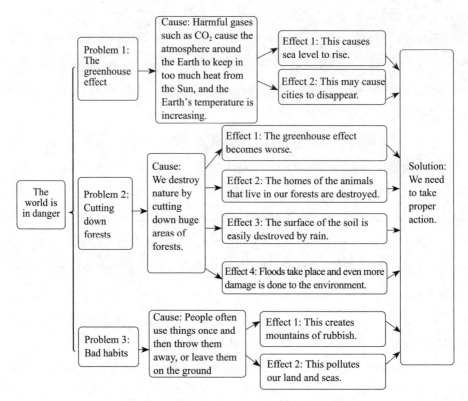

图1　Unit 3 The World is in Danger结构化知识图

### （三）学情分析

九年级下学期，学生的英语语言知识和技能有了一定的积累，具备了预测、分析和推断的思维能力。本单元的环保主题为学生所熟悉，本课时文本的语言和表层内容对学生来说难度适宜，但学生在整体把握篇章的结构，推断作者的写作意图，阐述环境问题的"原因""结果"，并就环境问题提出建议等方面，尚有一定的困难。在阅读教学实践中，需要通过多种方法对学生加以引导。

### （四）教学目标

教学目标是课堂教学的出发点和归宿，教学目标是否明确直接影响教学环节的设计以及课堂教学的实际效果。基于对文本的解读和对学生情况的分析，笔者制定了以下教学目标。

（1）学生通过看视频、图片及回答问题，能够感知主阅读篇章的环保主题并学会相关的核心词汇。

（2）学生通过解读标题和配图，能够预测主阅读篇章的大意及文体。

（3）学生通过初步阅读，能够梳理、概括主阅读篇章的结构。

（4）学生通过第二次阅读，能够获取文中的基本信息，如地球目前所面临的三大危险以及保护环境的方法；能够借助思维导图呈现结构化知识，理解造成上述三大危险的原因及其可能会导致的结果。

（5）描述、阐释地球所面临的三大环境问题的原因、结果以及保护环境的方法。

（6）通过再次阅读，能够运用所学知识分析与判断作者的写作方法和写作意图。

（7）运用所构建的结构化知识，谈论自己熟悉的一种环境问题，包括造成该问题的原因、结果及其解决方法，并在此基础上结合评价量表进行评价。

上述目标都是以活动和行为方式呈现的，既强调了学习的过程，也显示了学习的结果；既可操作，又可达成，同时也可评价。观察教学目标中的动词可以发现，目标（1）（2）（3）（4）属于学习理解层次的活动；目标（5）（6）是应用实践层次的活动；目标（7）是迁移创新层次的活动。

**（五）教学过程**

**1. 学习理解类活动**

第一步：感知与注意主阅读篇章的环保主题。

T: Good morning, everyone. Look at the picture.（教师边说边呈现地球大气层的图片。见图2）

T: As we know, this is the surface of the Earth. What is around it?

S: 大气层。

T: Right. We call it atmosphere in English. What's the function of atmosphere? What is greenhouse effect? Now, watch a video clip and think.（教师边说边播放一则关于温室效应的解说动画。）

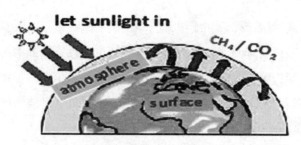

图2　地球的大气层

T: So, the atmosphere is like the glass of a greenhouse, letting sunlight in and keeping heat from getting out. Without it, the Earth would be the same as the Moon—cold and lifeless. Then, what is greenhouse effect? Do you know what causes/ results in it?

S: We burn fuels such as petrol and coal and produce too much harmful gas.

T: Well. This gas causes the atmosphere to keep in too much heat from the Sun. As a result of this, the Earth's temperature is increasing and greenhouse effect forms.

T: What does greenhouse effect cause?

S: This causes sea level to rise, and in the future may cause cities to disappear.

T: So, greenhouse effect gets our world into trouble. Our world is in danger now.

（教师边说边把画线的词汇板书在黑板上。见图3、图4）

图3　What causes the greenhouse effect?

图4　What does the greenhouse effect cause/result in?

在上述活动中，通过地球的大气层图片直接引出surface、atmosphere、greenhouse effect，然后，播放温室效应的解说动画，让学生了解产生温室效应的原因及其可能带来的后果。然后再展示温室效应的相关图片，让学生根据图片回答相应的问题。在学生回答问题的同时，教师在黑板上板书生词，引出目标词汇和短语，如lifeless, fuel, coal, as a result of..., temperature, increase, sea level等，帮助学生初步注意和感知本文的一些重点词汇。

**设计意图**：视频与图片给学生直观、生动的视觉冲击，使学生感受到了地球所处的危险。如温室效应图片，激活了学生已有的背景知识，同时也聚焦了主题，铺垫了语言，为学生接下来的阅读扫清词汇障碍。

**活动形式**：T-Ss（教师与多个学生互动）。

**第二步**：预测主阅读篇章大意及文体。

呈现教学文本并提出问题What would you expect to read in this article? 与此同时，引导学生从插图、标题和小标题入手预测并回答以下问题：

(1) Besides greenhouse effect, what other problems do we face?

(2) Where is the article probably from?_____.

A. An advertisement　　　　　　　B. A poster about the Earth Hour

C. An environmental science book　　D. A comic book

(3) How many parts are there in the article?

**设计意图**：预测能够使学生对文本的内容导向有个大致的印象，有利于引发学生的主动思考，帮助他们在进入文本阅读时迅速对预测内容做出确认或排除。同时，在教师的引导下，学生运用略读策略解读阅读篇章的标题、插图等，能在有限的时间内快速地找出正确答案，并在此基础上提炼文本框架，了解其逻辑顺序。

**活动形式**：Ss–T（全班学生回答教师的问题）。

**第三步**：梳理、概括主阅读篇章的结构。

教师追问：Can you draw a mind map of the article? 学生以小组合作的形式通过自上而下的阅读，关注文本的脉络发展，厘清行文的逻辑结构。

**设计意图**：教师引导学生根据课文第一段与其他部分之间的逻辑关系建构篇章结构图见图5，让他们从整体上梳理、概括文章的结构层次，检测他们预测的内容与所读内容的匹配度。从认知规律考虑，理解结构是学生进行阅读的第一步。让学生"见木先见林"，对文本有总体的了解之后，可引导学生结合科普文体裁的特点从语义层面划分、概括文章的主要组成部分，包括标题（Title）、导语（Introduction）、正文（Main body）和结尾（Summary or Conclusion）。在此基础上，进一步帮助学生概括上述主要组成部分的大意。这种梳理与概括活动有助于学生厘清本文的问题—解决（problem–solution）型篇章模式，便于学生在之后的寻读中定位，捕捉信息。

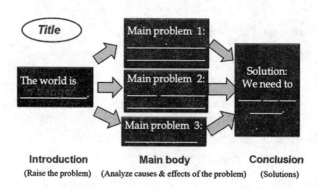

图5　Unit 3 The World is in Danger篇章结构

**活动形式**：Ss groups、T–Ss（组内讨论、教师与多个学生互动）。

**第四步**：获取文中的基本信息并构建结构化知识。

（1）学生读正文部分，完成图6。

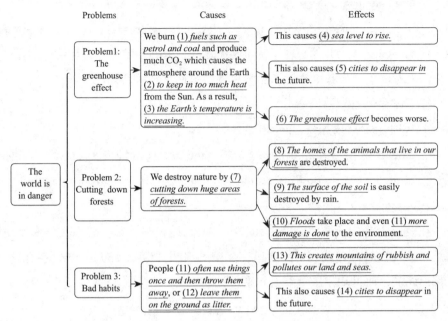

图6 温室效应、滥伐树木及人们的不良生活习惯成因

（2）学生读结尾部分，完成下表1。

**表1 解决环境问题的办法**

| Topic sentence | In order to (1) *protect the environment, we need to take proper action.* |
|---|---|
| The writer's suggestion | We should become (2) *"green consumers".* <br> We should only (3) *buy and use products friendly to the environment.* <br> We should also (4) *recycle as many things as we can* (e.g. *reuse things for the same purposes as before, or use them for new purposes,* etc.). |
| Conclusion | We (5) *can make a difference.* |

（注：斜体部分为学生填写内容。）

设计意图：以上活动是根据语篇的主体梳理其支撑性细节，旨在帮助学生对整个语篇的信息进行结构化处理。学生通过再次阅读，借助结构图获取环境问题的原因与结果，即导致地球处于危险之中的温室效应、滥伐森林以及人们的不良生活习惯三大问题的成因，进一步理解以提出问题→分析问题→解决问题为主线的文本内容与架构。这些活动可以训练学生获取信息的阅读技能以及判断文本有效信息的能力，引出的目标语fuel、coal、atmosphere、keep in、 temperature、increase、destroy、nature、greenhouse effect、surface、soil、result in、flood、habit、mountains of、take proper action、green、friendly、recycle、purpose、make a difference 等，为输出环节奠定思维基础，有利于学生在新情境中发展语言能力，为表达个人观点以及树立保护环境、绿色生活的意识奠定基础。

（3）学生回答以下问题：

① What tense is used in this article?

② How does the writer analyze（分析）the causes and effects of each problem?

③ How does the writer offer solutions to them? Work in groups and underline the useful sentences.

在概括、整合环境问题成因和解决方案的过程中，学生总结文章主要使用的是一般现在时。与此同时，通过在文中画出相对应的支撑句，学生不仅巩固了目标词汇，而且积累了重要的句型（见表2）：

表2　Unit 3 The World is in Danger句型

| Causes: When we..., we...; We destroy ... by ...; People often use ... once and then throw...away |
| --- |
| Effects: This causes... to...; This can/ may cause...to...; This makes ... worse... because...; ... also destroys ...; This can result in ... and ever more damage to...; This creates ... and pollutes... |
| Suggestions: In order to protect the environment, we need to take proper action. We should... |

**设计意图**：这一活动为学生进行输出部分的迁移创新活动打下了语言基础，做好了结构与句型方面的铺垫，让学生在小组汇报展示时有清楚的脉络。

**活动形式**：Ss groups、T-Ss（组内讨论、教师与多个学生互动）。

**2. 应用实践类活动**

应用实践类活动主要包括描述与阐释、分析与判断、内化与运用等深入语篇的学习活动。在学习理解的基础上，应引导学生围绕主题和所形成的新知识结构开展描述、阐释、分析、判断等交流活动，逐步实现对语言知识和文化知识的内化，巩固新的知识结构，促进语言运用的自动化。本节课涉及以下两个应用实践类活动——描述与阐释。

**第五步**：描述与阐释。

聚焦问题：As we know, the article tells us three main problems our world faces. What causes them and what effects will they make? How can we solve them?

Now, please retell what we have learned with the help of the given words in the mind map见图7.

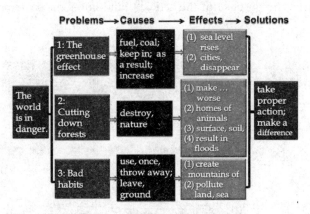

图7　Unit 3 The World is in Danger 重点词汇

**设计意图**：以上活动要求学生用所学语言描述并阐释地球面临的三大环境问题的原因、影响及其解决办法。

**活动形式**：Ss groups、T–Ss（学生组内讨论、教师与多个学生互动）。

**第六步**：分析与判断。

聚焦问题：

（1）What writing methods are used in the article? Why are they used? Let's look at the following sentences.（见图8）

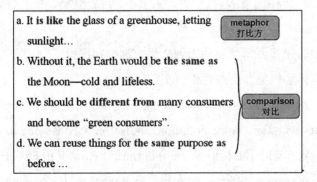

图8　说明方法

设计意图：问题涉及作者在文中所运用的说明方法，目的在于帮助学生理解科普说明文的语言表达特点。

（2）What's the purpose of the article? Find out some information to support you.（见图9）

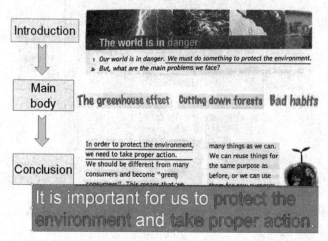

图9　作者的写作意图

设计意图：在分析作者的写作意图时，学生要利用文章的主题、结构以及作者提出这种观点的原因和意义等，进行综合判断。

**活动形式**：Ss groups、T–Ss（学生组内讨论、教师与多个学生互动）。

**3. 迁移创新类活动**

具体来说，迁移创新活动包括推理判断、创造想象和批判评价等超越语篇的学习活动。

本节课中的迁移创新类活动为创造想象和批判评价。

第七步：创造想象和批判评价。

（1）There are many other environmental problems in our world, such as air pollution, water pollution, noise pollution, and so on. Choose one to talk about and then make a report with the help of the mind map below. Remember that the report should include the causes, effects and some solutions to such a problem.（见图10）

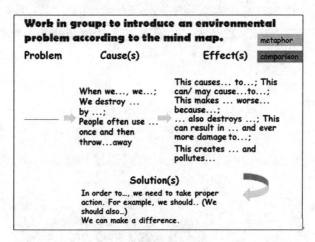

图10　小组汇报句型与结构图

　　**设计意图**：学生在讨论过程中与文本之间建立了关联，在汇报中运用了本节课学到的原因、结果这一结构性知识。在讨论时，建议学生超越文本，在借鉴学习文本中环保措施的基础上进一步开阔思路，创造性地提出自己的见解，如turn off the tap after you finish using it，turn off the lights when you leave the room，use public transportation or bicycle instead of cars，etc.。

　　学生通过参与迁移创新类活动，将文本知识迁移到自己的日常生活中通过思考人类行为对环境的影响和解决环境问题的方法，进一步体会从我做起，保护环境、绿色生活的重要性。

　　**活动形式**：Ss groups（小组合作完成汇报展示）。

　　（2）学生运用评价量表就小组汇报展示进行评价。（见表3）

表3　小组汇报评价量表

| 1 | It includes one environmental problem. | Yes/ No |
|---|---|---|
| 2 | It includes at least one cause of the problem. | Yes/ No |
| 3 | It includes at least one effect of the problem. | Yes/ No |
| 4 | It includes at least one solution to the problem. | Yes/ No |
| 5 | The speakers use the Simple Present Tense. | Yes/ No |
| 6 | The speakers use the given words, expressions and sentence patterns. | Yes/ No |

**设计意图**：杜威认为，反思或者反思性思维是指对某个问题进行反复的、认真的、不断的深思，深思的内容既包括引起思维的疑惑问题和心智上的困难，又包括探究的活动和解决疑惑的实际方法。让学生运用评价量表反思与评价，可以使学生主动、批判性地思考、分析、解决我们所面临的环境问题，有助于提高学生思维的逻辑性、批判性和创造性。

**活动形式**：Ss groups、T–Ss（组内讨论、教师与多个学生互动）。

（3）作业：以小组为单位制作与环境问题相关的手抄报，模板见图11。

图11　手抄报模板

**设计意图**：布置此家庭作业旨在使学生巩固所学，拓展主题知识，进一步实现迁移创新。

## 四、课例反思

本次科普文阅读教学实践活动分为学习理解、应用实践、迁移创新三大层次。在学习理解层次，通过两次阅读活动，引导学生梳理、概括了主阅读篇章的结构，并运用结构图帮助学生理解地球目前面临的温室效应、滥伐森林和人们的不良生活习惯三大问题的原因、结果，以及保护环境的方法。结构图不仅有利于培养学生的梳理提炼能力、总结概括能力和归纳整合能力，而且还有助于学生进一步理解以问题—解决（problem— solution）模式呈现的科普文是如何围绕原因和结果来分析问题的。但是，整节课还存在一些不足之处。本人就此做了如下反思：

（1）学习理解层次中的导入主要的作用之一就是引出教学话题，奠定课堂基调，让学生迅速进入学习状态。本次课堂导入显得迂回、拖沓，应该简明扼要，直奔主题。此外，在第二遍阅读语篇后，除了要求学生以小组为单位填写表格获取温室效应、滥伐森林以及人们的不良生活习惯三大环境问题的原因和结果等细节信息外，还要求他们提炼出作者分析问题的原因、结果和解决问题的一些重点句型，在一节课有限的教学时间里要完成的任务太多太杂，这导致教学效果不理想。出于时间安排上的考虑，可以把全体阅读改成分组阅读，每组只阅读主阅读篇章中的一个部分，然后利用信息差，进行信息的分享。

（2）在实施应用实践层次中的分析、判断、运用活动时，应先向学生示范分析第一部分greenhouse effect中作者的写作方法，再让学生运用所学的知识分析、判断其余两个部分cutting down forests和bad habits的写作方法。

（3）在迁移创新层次，家庭作业应该为学生创造利用所学知识解决真实问题的机会，使学生巩固所学，拓展主题知识，进一步实现迁移创新。然而，本次课例实践中所布置的家庭作业是以小组为单位制作与环境问题相关的手抄报。手抄报属于应用文，偏离了科普文的轨道。除此之外，学生在完成这项作业时，不能将在本节科普文阅读课所学到的原因、结果这一鲜明的结构化知识运用到分析、解决自己熟悉的环境问题中。这些都说明本课例中的家庭作业没有体现英语学习活动观所倡导的综合性、关联性和实践性等特点。

## 五、收获

学生因科普文词汇量大、专业术语多、句法结构复杂而陷入碎片化的学习困境。此次基于英语学习活动观的科普文阅读教学在一定程度上改变了这种困境，给教学带来了一些启示，具体如下。

### 1. 文本解读是开展科普文阅读教学的前提

在对科普文进行文本解读时，首先，要以主题词汇为核心，以话题为中心，链接和扩展同一语义场中的语块，帮助学生快速准确地确定语篇的题眼，掌握文章的主旨。为了扫除阅读中的词汇障碍，可在课前通过创设情境帮助学生注意和感知一些与主题相关的重点词汇。还可以在课后提供相同主题的语篇作为学生课外阅读的补充材料，让学生通过阅读巩固、复习、积累同一话题的词汇，熟悉词汇衔接链。其次，要有语篇的整体意识，在课堂上提供足够的时间和机会让学生感知、体验和把握科普文的结构和文体特征，如作者的谋篇布局、写作方法，主题句的写法和拓展方式，问题是如何阐述和说明的，等等。这既可以加深学生对语篇意义的理解，也有助于培养学生英语写作的篇章结构意识。

**2. 思维品质是英语学科核心素养的关键要素**

思维品质体现英语学科核心素养的心智特征，是英语学科核心素养的关键要素。考虑科普文的文体特征和语言特色，可以尝试让学生在阅读的过程中构建知识结构图，培养他们的梳理提炼能力、总结概括能力、分类对比能力和归纳整合能力。

**3. 学生的认知语境与主题语境密不可分**

在科普文阅读教学中，要建构贴近学生生活且有趣的主题语境，把抽象的科普文本与学生的真实情感和生活经历关联起来，使学生在想象和体验的过程中获得对文本的理解，并利用在文本中所学的知识去解决自己生活中的问题，或发表自己的见解，进而发展语言、思维能力及科普文化意识。

综上所述，科普文是以说明为主要表达方式的一种文章体裁，对学生的阅读理解能力和思维能力具有较高的要求。为了解决初中英语科普文阅读教学的困境，有必要结合科普文的文体特征和语言特色设置学习理解、应用实践、迁移创新等一系列体现综合性、关联性和实践性特点的英语学习活动，引导学生开展主题意义的探究，推动学生的思维进阶，让学生学会运用所学语言分析问题和解决问题，从而达到发展英语学科核心素养的课程目标。

附:

The world is in

*Our world is in danger. We must do something to protect the environment. But, what are the main problems we face?*

### The greenhouse effect

The atmosphere around the Earth is necessary for all living things. It is like the glass of a greenhouse, letting sunlight in and keeping heat from getting out. Without it, the Earth would be the same as the Moon—cold and lifeless.

When we burn fuels such as petrol and coal, we produce a gas called carbon dioxide ($CO_2$). Too much of this gas pollutes the atmosphere, and causes it to keep in too much heat. As a 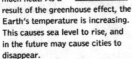 result of the greenhouse effect, the Earth's temperature is increasing. This causes sea level to rise, and in the future may cause cities to disappear.

### Cutting down forests

Every year, we destroy nature by cutting down huge areas of forests. This makes the greenhouse effect worse because trees take in $CO_2$ and produce oxygen. Cutting down trees also destroys the homes of the animals that live in our forests, and causes the surface of the soil to be

easily destroyed by rain. This can result in floods and even more damage to the environment.

### Bad habits

Many of our habits cause pollution. People often use things once and then throw them away, or leave them on the ground as litter. This creates mountains of rubbish and pollutes our land and seas.

In order to protect the environment, we need to take proper action. We should be different from many consumers and become "green consumers". This means that we should only buy and use products friendly to the environment. We should also recycle as many things as we can. We can reuse things for the same purpose as before, or we can use them for new purposes. If we just learn to live in new and different ways, we can make a difference.

教材图片（九年级下册Unit3 The World is in Danger）

# 如何在英语学习活动观下进行初中书信类
# 应用文阅读教学设计

——以九年级上册Unit 4 Reading：An E-mail to Aunt Linda为例

## 一、问题及思考

应用文是一种基于现实生活的实用性文体，源于生活，又服务于生活。而书信作为一种常见的应用文文体，其作用是为了完成真实生活中一定的社交任务，具有事务性和感情性特征，同时它也具有文学体裁的特点，具有语言文学性质和社会文化意义。书信类应用文分类见表1。

**表1　书信类应用文分类**

| 分类方式 | 书信的内容与作用 | |
|---|---|---|
| 用途 | 一般书信 | 私人信件 |
| | 专用书信<br>（特定场合、事务、专门用途） | 表扬信、感谢信、邀请信、推荐信、求职信等 |
| 媒介 | 纸质信件 | |
| | 电子邮件（E-mail）等新媒体 | |

《义务教育英语课程标准（2003年版）》对初中学生的写作要求具体且清晰，包括能参照范例写出或回复简单的问候和邀请，如简单的指令、规则；能根据图片或表格写出简单的段落或操作说明；等等。以上表述明确指向英语应用文写作，这说明在初中阶段进行有效应用文写作训练十分必要。

然而，目前书信读写教学在以下几个方面尚存在问题：首先，随着社会发展和科技进步，电子邮件等新媒体日益普遍，纸媒书信使用的机会大大减少，导致纸笔写作缺乏真实生活情境。二是书信阅读教学往往注重浅层的记忆和理解，缺少对篇章的深入解读和对语言的细致分析；忽视运用基础创造和实践积累后的创新。三是在写作教学中，拘泥于教材内容的机械模仿活动居多，而有助于发展学生多元思维能力和创新能力的活动较少，导致学生缺少内化知识和过程性学习的空间，尤其缺乏读者意识和对书信得体性的关注。

产生以上问题的原因在于课堂教学过于重视结果，忽视主题情境和活动的层次性。《高中英语课程标准（2017年版）》指出，活动是英语学习的基本形式，是学习者学习和尝试运用语言，理解和表达意义，培养文化意识，发展多元思维，形成学习能力的主要途径。教师要依照学习理解、应用实践、迁移创新三个层次，创设合理情境，由逻辑性到批判性，最后上升到创新性思维的一系列互促互融的读写活动，形成和内化为学生的知识结构，发展学生的思维品质，实现教、学、评三者结合。针对以上问题和思考，笔者尝试在活动观指导下，运用具体课例，探究如何有效地开展初中书信类应用文的读写融合教学。

## 二、文体特征分析

结构化与格式化是书信类应用文的显著特点。一份结构完整的英文信件一般包括信头、信内地址、称呼、正文、结尾、签名。电子信件包括发件人、电子邮件地址、收/发时间、主题、称呼、正文、结束语以及署名。从语篇角度看，初中教材中的书信格式清晰，大多篇幅较短，行文简洁。书信中所用词汇相对简单，多用短句而少有长句、复合句，句间通过常用连接词连接，段落结构清晰。篇章内容源自学生生活，多围绕初中生的家庭生活、学校生活、学习、兴趣爱好等展开。书信类应用文在上海教育出版社英语教材中的分布如表2。

表2　书信类应用文在初中英语教材中的分布

| 教材 | 单元 | 主题（内容） |
|---|---|---|
| 七年级上册 | Unit 1 | Making Friends |
| 七年级下册 | Unit 4 | Thank-you |
| 八年级上册 | Unit 3 | An E-mail about Monitor |
| 八年级下册 | Unit 1 | A Letter to the Headteacher |

| 教材 | 单元 | 主题（内容） |
| --- | --- | --- |
| 九年级上册 | Unit 4 | Aunt Linda's Advice Page |
| 九年级上册 | Unit 4 | An E-mail to Aunt Linda |
| 九年级上册 | Unit 4 | Replies from Aunt Linda |
| 九年级下册 | Unit 2 | A Thank-you E-mail |

## 三、课例实践

### （一）背景

#### 1. 主题语境

本单元话题为：problem and advice——问题与建议，综合以上几个方面分析，作为单元读写课，本节课的主题语境是"人与自我"主题下的家庭、学校生活和优秀品行。课例中阅读和写作内容都是学生给心理专家的电子邮件。

#### 2. 语篇类型

本课例中使用的两个语篇均以电子邮件的形式呈现。第一个语篇来自上海教育出版社英语九年级上册Unit 4中的写作部分文本An E-mail to Aunt Linda；第二个语篇是笔者为本节课教学特别编写的电子邮件文本。两篇都属于书面语篇中的书信体。

#### 3. 授课时长

40分钟。

### （二）文体分析

#### 1. 主题和内容（What）

从内容角度解读文本就是分析文本各部分的内容是如何围绕主题意义组织起来的，如从主到次、从整体到部分等，语篇的这种内在逻辑关系就是结构化知识。

本课的阅读内容是两位青少年（David，Simon）向心理专家Aunt Linda寻求帮助的电子邮件。信件交流中涉及学生学校生活和家庭生活中的困惑及问题。第一篇文本内容为学生David给心理专家Aunt Linda写咨询信，信中David讲述在街上看到平日有礼的同学粗鲁地对待家长，顿感惊讶，回家讲给父母听想获得帮助，但父母不让David理会。David感到无助，他写电子邮件给Aunt Linda，询问如何劝说同学，告知其错误，督促他改正。第二个语篇中，作者爱学习又爱整洁，可是弟弟弹钢琴影响他，还经常搞乱他的房间，因为不堪其苦又不知如何是好，所以写电邮求助。

本课课例文本描述从生活的困惑和寻求建议出发与文本主题建立内在联系。下图信息包含学生遇到的各种具体问题。文章主题和内容分解见图1所示：

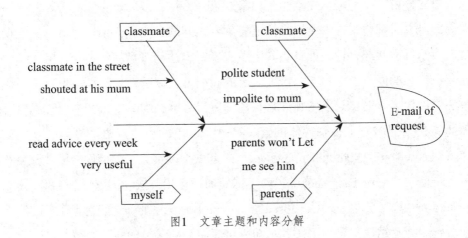

图1　文章主题和内容分解

### 2. 主题和作者（Why）

在第一个语篇里，作者通过描述路上遇到同学对父母无礼的事件，表达自己的惊讶和不解。他写电子邮件求助，说明作者想帮助他人和关爱同学之心。第二篇的作者讲述了因不能忍受弟弟干扰学习，搞乱房间之苦，而向专家寻求帮助。说明他热爱学习和生活，也爱护自己的弟弟。编者将两个语篇呈现给读者，希望学生们知道这类问题普遍存在，要正视问题，勇敢面对困难，积极思考或者寻求他人帮助，从而解决问题，更快乐地与人相处，更愉悦地学习、生活。学生需要在教师的引导下进行主题意义的探究，领悟到这些社会道德观念。

### 3. 文体和语言（How）

**文体分析：** 两个语篇都是电子邮件，内容源于青少年日常生活，按照"表明目的—叙述问题—提出请求"的逻辑顺序行文。专家回信的文本则通过举例、分解、分类和类比等方式说明道理，提出建议。第一篇具有典型的电子邮件类书信的结构特点，框架完整，段落清楚，叙事清晰，正式用语和礼貌用语体现出应用文的得体性。而另一篇表述含糊且只有一个段落。这是因为教师为了教学需要，将学生日常写作的常见问题汇集于此篇，且无电邮格式、段落不清、文字口语化、语句随意。同时，文中突出了学生最容易忽略的问题——应用文的得体性。语言的得体性是指写信人以收信人可以接受的语气、口吻、方式表达观点，特别是在选词方面要得体。

**语言分析：**读写文本在叙述时均采用第一人称，以创设出生活的真实感；在询问对方时都用第二人称，以拉近与读者之间的距离，有亲切感。一般现在时态表示目前状况，让人如身临其生活实境；陈述句与疑问句结合，能让读者在获取信息的同时引发思考，产生一定的吸引力。读写结合的篇章也产生了比较的修辞效果。第二封电子邮件是有意创造的有问题的文本，文中人称、时态表达无误，但多处出现不得体的言辞和过于简单的表述，语气显得生硬，如"so I know you；I want you to help me"；句式变换突兀，如信件结尾部分突然出现祈使句"write back soon"。两个语篇通过运用一些动词或短语（shouting, make a mess）、形容词（surprised, annoying），比较准确地表达了作者的所遇和所感。文本结尾都表现出作者不知所措而向Aunt求助的急切心情，符合青少年学生的年龄特点。

基于What、Why、How三个方面的解读，笔者围绕主题意义梳理出文本内容的内在逻辑关系，对整个语篇有了更清晰的把握。

### （三）学情分析

解读文本后，还要结合学生情况确定教学目标，然后思考如何将文本解读的内容转化为课堂学习活动，以落实英语学习活动观。

初三学生经过两年的学习，在基础单词、基本句型、篇章结构等基础语言知识储备方面已有很大的提升。学生具有一定的思辨能力，可以分析较复杂的问题。随着思维深度增加，学生分析及解决问题的能力也逐步上升。学习小组以同组异质的方式构成，根据个体差异进行小组活动分工。课例中的阅读和写作内容具有典型的青少年心理和生活特征，所以很容易引起全体学生的共鸣。但在准确表达细微的心理活动、清楚地表述问题以及给出合理切实的建议等方面，大部分学生仍需要教师的指导和自身不断学习。学生的学习自信心、学习兴趣还需要通过日常不断培养。学生通过本课读写等一系列活动，实现知识与技能等目标的达成，也将获得丰富的情感体验。

**（四）教学目标**

本单元教学顺序为读—听—说—写。本节课位于单元教学的后段，读写结合是本次教学的途径，以读促写是本次教学的目的。基于文本解读和学情分析，教师制定了如下教学目标。

学生在课堂学习中和学完本课后应能够：

（1）通过对比、匹配等阅读活动，感知本节课的主题，在体验和解决问题的语境中学习核心词汇和典型句型。

（2）通过阅读完成结构图表，掌握书信的文体结构。

（3）通过细致的阅读，对比分析，理解语言得体性并运用得体的语言。

（4）运用归纳出的结构和语言，独立完成写作，将自己的问题通过文字表达呈现，词句准确得体，格式规范。

（5）通过教师的引导，对自己和同伴的文章给予评价。

教学目标从学习理解层次到应用实践，再到迁移创新；课堂教学以活动方式递进，经历知识技能的学习和内化过程，实现创新输出。

**（五）教学过程**

**1. 学习理解类活动**

学习理解类活动是基于语篇的活动，主要包括感知与注意、获取与梳理、概括与整合等。读写学习理解类活动的目的是让学生储备基础知识，它是学生建构新知识的起点，为后续更深层次的读写活动做好铺垫。应用文具有相对固定的格式，有特定的句型，习惯用语或专门术语。这些特点要求教师在学生初步理解文章后，设计阅读活动，让学生认知应用文格式，梳理常用语句，形成新的知识结构。为了避免知识的灌输，教师应设计灵活多样的学习理解类活动，激活学生的背景知识，让学生理解应用文的文体特点和语体意义。

**第一步**：热身活动，教师展示四幅生活场景的图片，并提出以下问题让学生们思考并回答："What is happening in each picture?"学生回答中出现"borrow, return, shout, mess, fight"等词汇（感知与注意）。

设计意图：本活动的目的是激活学生关于青少年生活当中"麻烦事"的背景知识，激发学生学习的兴趣，通过学习关键词，铺垫关键信息。

**活动形式**：Ss-T（全班学生回答教师问题）。

**第二步**：预测与思考，读图—匹配。

教师："Please match the pictures with phrases below." 学生学习理解短语含义后将图片（图2）与下表（表3）的短语匹配。

图2 生活场景图

表3 短语

| Borrow something but never return |
| --- |
| Be rude to parents |
| Make room messy |
| Fight with classmates |

接着，教师提问："Is there anybody（friend or classmate）like them in your life?" 学生讨论并简述相关的人或事（感知与注意）。

**设计意图**：通过图与句的匹配活动，学生清楚了图片的具体内容。通过提问让学生思考并简述身边类似的人或事，进入本课的语境，为下面的活动做好铺垫。

**活动形式**：Ss-T（全班学生回答教师问题）。

第三步：略读。

教师：Read the E-mail below, find out which one in Exercises 1 was mentioned? And why? Please tell us the reasons with some key words.

让学生衔接上一个活动（图2）快速阅读文章，通过捕捉关键词，获取人物和事件特征，然后进行概括和匹配，进而掌握事件内容。

之后，教师追问：Why did David write to Aunt Linda? What is the relation between them?（获取与梳理）

Dear Aunt Linda,

I am very pleased to contact you . I read your advice page every week. It is very useful.

I have a problem with a classmate, and I wonder if you could offer me some advice.

Last week, I saw my classmate in the street. He was shouting at his mum. I was surprised to see this. He's a polite student at school, but he wasn't polite to his mum at all! I told my parents about his behaviour, but they said it was none of my business.

I want my classmate to stop shouting at his mum. Should I tell him so? I would be very grateful if you could take some time to read my mail. Would you please give me some advice?

Thank you for reading my E-mail. I hope to hear from you soon.

Yours sincerely,

David

设计意图：学生通过快速扫读，获取写信目的，锻炼skim及scan的能力；通过寻找关键词，获取所读文本的核心信息，提升快速检索和归纳能力。学生经过思考和梳理、对比和匹配，提高了概括能力。通过以上活动，学生也加深了对文本传递出的感情的理解。随后的追问让学生明确David写信给专家Linda的原因和两人的关系，为下一步针对写作得体性开展的教学活动做铺垫。

活动形式：S，Ss-group（学生先个人完成再组内讨论）。

**第四步**：概括梳理，逐段细读——理解每段的作用与含义。

教师将说明段落作用的短语（表4，A—G）无序排列，先引导学生理解其含义，认识"comment、request、subject、formal greeting"等词汇。之后，教师提问："What does his E-mail include? Read the E-mail and fill in the blanks in the form with the letters of the correct labels from the box." 学生再次阅读，通过细读，理解每段的含义和作用，将字母填写到表中相应的空格中。（见表5）同桌两人讨论答案。（获取与梳理）

**表4  段落说明短语**

| | |
|---|---|
| A. friendly comment | E. problem details |
| B. friendly ending | F. formal greeting |
| C. request for advice | G. formal closing |
| D. letter subject | |

**表5  教材文本加段落分割线**

| | | |
|---|---|---|
| | | To: |
| | | From: |
| Opening | _____ | Dear Aunt Linda, |
| | _____ | I am very pleased to contact you. I read your advice page every week. It is very useful. |
| | _____ | I have a problem with a classmate, and I wonder if you could offer me some advice. |
| Body | _____ | Last week, I saw my classmate in the street. He was shouting at his mum. I was surprised to see this. He's a polite student at school, but he wasn't polite to his mum at all! I told my parents about his behaviour, but they said it was none of my business. |
| | _____ | I want my classmate to stop shouting at his mum. Should I tell him so? I would be very grateful if you could take some time to read my mail. Would you please give me some advice? |
| Closing | _____ | Thank you for reading my E-mail. I hope to hear from you soon. |
| | _____ | Yours sincerely, David |

设计意图：教师将书信范例以清晰的段落排列方式呈现给学生，学生获得清晰的视觉印象，对书信的格式特点认识更深刻。学生认知书信结构的各部分名称后就能辨析格式特点。学生带着活动任务，在细读过程中梳理了文本结构，将标签填写到正确的位置，再一次厘清结构框架。

活动形式：S，Ss-pairs（学生先个人完成再两人讨论）。

**2. 应用实践类活动（描述与阐释、推理与判断、内化与运用）**

第五步：阅读—辨析。

学生阅读第二个语篇，David的朋友Simon给Linda写了一封电子邮件。教师问："What problem does Simon say? Can you find it in Exercise 1's pictures?"学生快速阅读，借助图2中对应图片理解内容：Younger brother is annoying and makes his room messy.

接着，学生分析这封信与第一封信结构上的差异，对照上一个活动中的结构图重新分段。有序排列语句之后教师投影向全班展示。（内化与运用）

---

Hi Linda,

David is my friend, so I know you. I have lots of problems. I want you to help me.I have to share a room with my six-year-old brother. And he's driving me mad. He has a habit of playing the piano. When I was studying and he always takes my things without telling me, I tried to keep the room tidy, but he always makes me a mess. I love him, but sometimes he is so annoying. What shall I do? You didn't say what time is OK to write to you.Write back and give me some advice soon.

Yours,<br>Simon

---

表6　段落框架表

|  |  | To: |
|---|---|---|
|  |  | From: |
| Opening | formal greeting |  |
|  | friendly comment |  |
|  | letter subject |  |
| Body | problem details |  |
|  | request for advice |  |
| Closing | politely ending |  |
|  | formal closing |  |

设计意图：利用之前活动中的表5，引入第二篇文章。首先，让学生关注文本，快速理解文本内容。然后让学生聚焦文本结构。与第一篇清晰的书信结构对比鲜明，此文本是独立的一段，没有结构性的体现。学生运用在上一活动中总结出来的结构图示，通过重新列清段落，实现书信结构意识的内化。（见表6）

活动形式：S、S groups（学生先个人完成再小组讨论并展示）。

**3. 迁移创新类活动**

第六步：阅读—对比—写作。

学生小组内合作，对比两篇电子邮件的语言。教师将第二篇的部分短语或句式画线，让学生通过匹配阅读找出与第一篇中对应的句式和表达，补充完整表格，再次进行语言对比，同时思考和说明相关语言的差异以及取舍的原因：更加正式，更有礼，更得体（formal, polite, suitable）。"Read two E-mails and match the underline phrases with those more polite ones in Letter 1."（分析与批判）（见表7）

表7　两个语篇用语对比

| Passage 1 | Passage 2 | Why |
|---|---|---|
| Hi Linda, | Dear Aunt Linda, | Address the person formally |
| I know you. | I am very pleased to contact you/write to you. | use formal and polite phrases |
| I want you to... | I wonder if you could....<br>Would you please.... | use indirect questions |
| You didn't say... | I would be very grateful if you could... | use formal and polite phrases |
| Write back ... | I hope to hear from you soon. | use formal and polite phrases |

设计意图：学生通过再次阅读两篇书信中的部分内容，发现虽然对应部分语意相同，但口吻、语气、表达方式等明显不同。结合写作对象和目的，学生们深入分析，比较优劣，找出了取此舍彼的原因，体会到语言得体的重要性。第二篇书信中不够正式、不够礼貌的表达让学生批判地反思自己在日常写作中忽略的问题，为下一步活动及日后的写作积累语言素材。

**活动形式**：T–Ss、S–groups（小组讨论，师生讨论）。

**第七步**：创设情境—写作—评价。

教师："Is there any of your friend, classmate or family member behaving like the following? Or other annoying behaviour?"再次使用图2生活场景图作为参考和引导，学生思考生活中的问题，从中选择自己的写作内容，然后利用段落框架图（表6），写出书信的框架，再写出完整篇章。（想象与创造）

设计意图：创设与学生生活相关的场景，让学生的学习活动和思考回到生活当中。利用结构图，帮助学生学会厘清写作思路和行文框架。通过评价表格和上一活动的语言铺垫，学生在语言得体性的指引下，主动使用更加正式和有礼的词句，提升读写能力和语言综合运用能力。充分发挥学生小组的合作作用，促进学生在写中互助，在写后互评，促进学生的讨论、评价、展示活动。教师通过提供评价维度内容表（表8），规范学生的评价，验证学生的学习成果。通过评价同伴的写作和改进自己的写作，学生的批判性、创新性思维得到发展。

**活动形式**：T–Ss、S–groups（小组讨论，师生讨论）。

表8　写作评价表

| Checking list | |
| --- | --- |
| Write with clear structure | |
| Address the person you are writing to in a formal way | |
| Mention the reason you are writing | |
| Use formal and polite phrases | |
| Use indirect questions to ask or request politely | |
| Check writing for mistakes | |

第八步：课后作业。

学生根据结构、语言得体等要求完善写作。通过延伸阅读（见表9），体会专家的建议，分析语言，积累词汇，提升批判性思维，领悟语言背后的人文关怀和道德价值。

表9　课后作业阅读文本

| |
| --- |
| Dear Anna,<br>You're right to be worried about your friend Jolin. She shouldn't stay on a diet if she's already very thin. You should try to get her to see a doctor. You should also tell her that she's not alone, we all worry about our looks sometimes |
| Dear Peter,<br>I believe you've learnt an important lesson—you'll regret it if you don't do the right thing at the right moment. Next time in the same situation, you should make up your own mind. You shouldn't listen to your friends. It was awful of them to laugh at a sick lady |
| Dear Simon,<br>Lots of people wear braces these days, so you're not alone. If you stop paying attention to your friends, they'll stop laughing at you. So don't worry! I understand that it hurts sometimes, but think of the beautiful, straight teeth you'll have in a few months' time! |
| Dear Julie,<br>You should talk to your sister more. Ask her to play the piano only when you're not studying. Let her borrow your things only if she asks you first. Perhaps she just wants more attention from you. Try spending some time with her every day and you'll learn how to live happily with each other |

## 四、课例反思

本课的学习活动和思维类别，如表10所示。

表10　读写课例的学习活动和思维类别

| 教学活动 | 读写内容 | 思维表现 |
|---|---|---|
| 学习理解类活动 | 第一步：热身活动，创设情境 | 感知与注意 |
| | 第二步：预测与思考，了解主题 | 感知与注意 |
| | 第三步：略读，阅读—概括、匹配文章内容与图示（感知文体类型，概括内容） | 获取与梳理 |
| | 第四步：细读与梳理（利用框架图示梳理文章结构） | 获取与梳理 |
| 应用实践类活动 | 第五步：阅读第二个语篇（对比分析文本结构上的差异，内化结构意识） | 内化与运用 |
| 迁移创新类活动 | 第六步：阅读—对比—书写（对比两个篇章的语言，分析差异，理解语言的得体性） | 分析与批判 |
| | 第七步：创设情境—写作—评价（学生利用结构图，列出框架，进而完成写作） | 评价、论证与创造 |
| | 第八步：课后作业，完善写作并进行延伸阅读（反思语篇特点，深化主题意义） | 反思与深化 |

　　本堂课的活动设计与教学目标相吻合，读与写的活动均围绕教学目标展开。活动设计从理解到运用，从学习到实践，体现了知识与能力的内化和迁移。经过读写技能的训练活动，学生的逻辑思维和创新能力得到发展。但经过反思，笔者发现仍然存在一些问题，简述如下：

　　虽然教学活动层递展开，但缺少合理、多样的学习方式与之配合。比如在第四步和第五步的梳理和对比环节，可以组织学生进行探究性学习；在写作和评价环节，应该充分发挥学习小组的力量，调动学生积极互评，强化迁移能力。

　　在书信语言得体性的教学过程中，对得体性的描述不够具体，文本中相关语言知识有限，相关的训练显得不足。教师可以通过问题追问、组织讨论等活动，唤醒学生的读者意识，拓宽思维，将自己以往在得体性方面忽视或误用的词句进行汇总并分享，充分发挥分析和批判思维。

　　读与写的任务量超出教材设计要求，而且，本课的前半部分输入还略显不足，对写作任务的铺垫还要丰富。学生课堂写作时间不足，影响"教—学—评"的时效性。另外，话题范围有限，引发学生思考的广度不够。

## 五、收获

### 1. 英语学习活动观的优势

以往的教学设计机械地关注教学目标，教学活动只围绕重难点（一两点）展开，导致活动之间缺乏连贯和承接，更加缺少内在联系。基于活动观的教学分为递进的三个层次，每个层次包含的活动（感知、注意、获取、梳理等）指向明确、具体，可操作性强，为教师提供了科学的设计理念和备课"路线图"，有助于教师高效、科学地备课和培养学生的学科核心素养。

### 2. 解读文本是落实活动观的前提

以往笔者多关注和强调书信的格式，对读写活动缺乏深入的探究。在重新进行课例分析的过程中，笔者多角度梳理文本，解析语言特点，理出文章的结构和逻辑顺序，在此基础上搭建学习支架，如制作表格、绘制思维导图等，引导学生关注文本，理解文本。正是因为深入解读文本，才会设计出较之以前更加丰富、有效的教学活动，使得学生能更好地掌握知识和语言，提升思维品质。

### 3. 充分输入是顺利输出的前提

在教学过程中，三个层次的活动时间和任务量不是各占三分之一的平均分配。在学习理解、应用实践教学环节，输入性的活动必须充分有效，技能、知识的内化才会真实发生，学生的思维才会逐级提升，最终的创新写作等输出目标才能落实。

附：

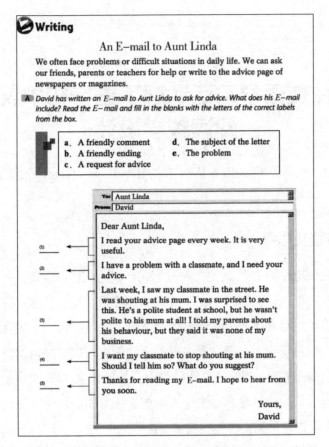

**Writing**

An E-mail to Aunt Linda

We often face problems or difficult situations in daily life. We can ask our friends, parents or teachers for help or write to the advice page of newspapers or magazines.

**A** *David has written an E-mail to Aunt Linda to ask for advice. What does his E-mail include? Read the E-mail and fill in the blanks with the letters of the correct labels from the box.*

a. A friendly comment          d. The subject of the letter
b. A friendly ending           e. The problem
c. A request for advice

To: Aunt Linda
From: David

Dear Aunt Linda,

(1) I read your advice page every week. It is very useful.

(2) I have a problem with a classmate, and I need your advice.

(3) Last week, I saw my classmate in the street. He was shouting at his mum. I was surprised to see this. He's a polite student at school, but he wasn't polite to his mum at all! I told my parents about his behaviour, but they said it was none of my business.

(4) I want my classmate to stop shouting at his mum. Should I tell him so? What do you suggest?

(5) Thanks for reading my E-mail. I hope to hear from you soon.

Yours,
David

教材图片（九年级上册Unit 4 An E-mail to Aunt Linda）

# 如何在英语学习活动观下进行初中议论文阅读教学设计

——以八年级下册Unit 6 Pets中的Reading：Head to Head 为例

## 一、问题及思考

议论文是说理性的文章,其主要表达形式是议论。作者常用摆事实、讲道理的方法去分析问题、剖析事理，揭示观点的正确或错误，并通过逻辑推理来阐明自己的观点、立场和主张。议论文涉及文化、宗教、民俗、天文、地理、伦理、逻辑等，信息量很大。通过学习议论文，学生可以更好地掌握语言知识和技能，提高正确理解和灵活运用语言的能力，并能拓宽视野,提高逻辑思维能力和判断评述能力。由此可见，以议论为主要表达方式的议论文阅读教学是培养和锻炼初中生逻辑思维和论辩能力的重要途径之一。

作为初中英语教学的重要组成部分，议论文阅读教学并不尽如人意。一方面，相当多的英语教师在进行议论文阅读教学时断章取义，孤立地讲解一些短语或语法知识，忽视分析议论文的文体结构、语言特点等。这反映了教师没有基于主题语境，依托语篇，结合议论文的文体特征深入解读文本。长此以往，这样的议论文阅读教学必然导致学生注重的只是文章中的某些细节，而忽略了对语篇的欣赏，尤其是对议论文的整体理解。学生逻辑思维和论辩能力的培养更是无从谈起。另一方面，与小说、散文相比，议论文不够生动，其语言也不够华美，难以引起学生的兴趣。此外，初中生思维认识发展水平不高,逻辑思维能力较差,接受议论文能力较弱。

为了解决上述问题，我们可以尝试在活动观的引领下，从分析议论文的文体特征入手，按照学习理解、应用实践、迁移创新这三个层次来设计课堂活动，使其形成一个围绕主题意义探究的，逻辑递进、循环上升、符合认知规律的活动链。

## 二、文体特征分析

议论文是运用概念、判断、推理等逻辑思维形式，通过摆事实、讲道理对客观事理及事物本质规律进行科学的分析论证，以阐明作者的思想、主张、意见及见解的一种文体。其文体特征可以以下两个方面来分析。

### 1. 语篇特征

议论文的目的重在说服读者同意或支持某观点。基本结构包括引论、本论和结论见图1。引论提出讨论的问题，并阐明讨论此问题的重要性；本论摆出证据；结论重申在文章开头已提出的见解或主张。作者通常会采用正论或驳论的手法让读者接受自己的观点。议论文的逻辑性非常强，作为论据的诸多事例和理由之间以及它们和结论之间都必须有内在的联系。一般说来有两种推理方法，即归纳法或演绎法。

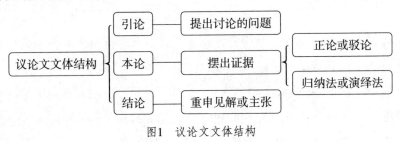

图1　议论文文体结构

一般情况下，我们在摆论据时往往会通过陈述原因、举例来说明。我们可以运用OREO Rule见图2帮助学生把观点和论据有效地组织起来。

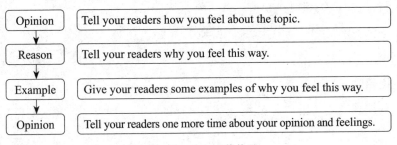

图2　OREO Rule结构图

**2. 语言特征**

从语言角度解读文本即关注文本中的词汇特征、语法特征、句法特征和修辞特征等，分析它们是如何为呈现主题意义服务的。议论文作为一种独立的文体，语言多使用一般现在时。在现行的议论文中，作者通过在语言上使用情态动词can、could、may、might、would、should 等委婉地表达自己的观点。同时，议论文极具条理性与逻辑性，因此多数文章含有过渡性的连接词。如表文章结构顺序的连接词有first, second, and then, finally, in the end, at last等；表并列补充关系的连接词有what's more, besides, in addition, not only... but also等；表转折对比关系的连接词有however, but, on the contrary等；表换一种表达方式的连接词有in other words, that is to say 等；表举例说明的连接词有for example, for instance等；表达自己观点的连接词有in my opinion, I think, as far as I know/concerned等；表总结的连接词有in a word, all in all, so等。此外，作者在表达自己的观点时，需要通过举例子、摆事实来说服读者。

## 三、课堂实践

结合议论文的文体特征及语言特点，笔者以上海教育出版社义务教育初中英语教材八年级下册Unit 6 Pet Reading：Head to Head 为例，深入解读文本，遵循英语学习活动观，通过学习理解、应用实践、迁移创新等层层递进地将语言、思维、文化相融合的活动，围绕Is it a good idea to keep pet dogs?这一话题，设计并实施了这一有层次的教学活动。具体教学设计如下。

**（一）背景**

**1. 主题语境**

人与自我——生活与学习。

**2. 语篇类型**

议论文。

**3. 授课时间**

40分钟。

## （二）文本分析

### 1. 主题和内容（What）

本阅读篇章主要围绕Emma和Matt 两位少年就Is it a good idea to keep pet dogs?发表各自的观点。Emma 认为养宠物狗是个好主意，因为狗很可爱、很忠诚，养狗可以培养我们的责任感且可以给我们带来很多欢乐。而Matt 却不这样认为，在他看来宠物狗很脏、很吵，养狗成本很高，且很多人住在公寓里面无法给狗提供开阔的活动场地。饲养宠物狗这一内容，贴近学生的日常生活，很容易使学生产生共鸣，反思自己持有的观点。

### 2. 主题和作者（Why）

本阅读篇章由两篇议论短文组成，围绕Is it a good idea to keep pet dogs?分别展开论述，并列举论据印证论点，旨在让学生了解议论文的一般结构和写作方法。同时，通过学习Emma和Matt两位少年对饲养宠物狗所持的不同观点，培养学生思辨地看待事物的能力。

### 3. 文体和语言（How）

作者通过两幅狗的插图、标题、小标题以及将文章分两栏排版，巧妙暗示了关于养宠物狗正反两方观点的碰撞，点明文章主题。两篇文章就Is it a good idea to keep pet dogs?这一话题分别按照"引论、本论、结论"的结构，遵循OREO Rule "陈述个人观点、列举原因、举例论证、重申观点"的原则，论点明确、论据充分、论证有力，属于典型的议论文范例。从时态上看，两篇小短文均采用一般现在时。从文本的语言来看，学生需要认读和理解feed、noisy、responsible、faithfully和短语care for、have no choice but to do、head to head等单词和短语，这些词汇和短语均和主题相关。同时，文中多次使用情态动词can、need 阐述个人观点。此外，文章通过first、second、according to、what's more、finally、so等过渡性连接词的使用，使正反两方观点的逻辑性更强，表述层次更清晰，脉络更分明，易于学生理解文本内容。

基于What、Why、How三个方面的解读，教师要围绕主题意义梳理内容之间的内在逻辑关系，提炼出相关内容的结构化知识，实现对文本主题意义真正地理解和把握。本课提炼的结构化知识图见图3：

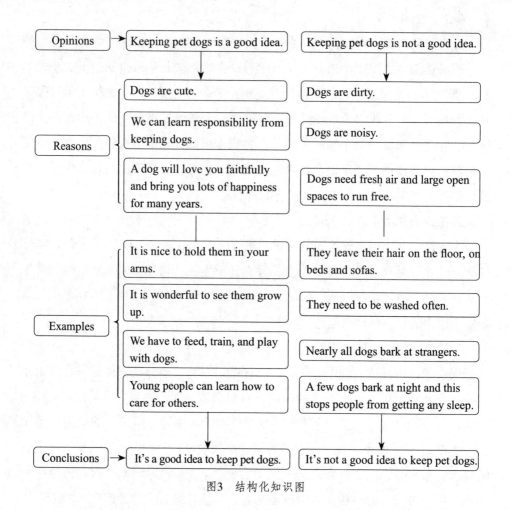

图3　结构化知识图

### （三）学情分析

本班学生42人，大部分学生学习态度认真，学习热情高涨，语言基础相对较好。"养宠物狗"的话题，贴近学生日常生活，且文中生词不多，语言难度适中，学生可以相对轻松地理解文章内容并在阅读中获取细节信息。但是，学生对议论文的文体特点了解不多，如何结合已有文本材料积极、自信地表达个人的观点，仍须教师指导。

### （四）教学目标

本节课作为本单元的第一节课，旨在引入单元话题，激发学生学习单元内容的兴趣。根据对教学内容和学生情况的分析，本节课设定了以下教学目标。

经过本节课的学习，学生要能够：

（1）通过观看视频及回答问题，感知本节课的阅读主题并在语境中学习head to head的含义。

（2）通过解读图片和标题，预测文章大意及体裁。

（3）通过初步阅读，获取与梳理Emma 和Matt 就饲养宠物狗所持的不同观点。

（4）通过小组讨论、分析、判断，构建OREO Rule 结构化知识。

（5）通过OREO Rule，分析文章的文体结构和语言特征。

（6）通过深度阅读，挖掘文本内涵，分析与判断饲养宠物的利弊。

（7）运用所建构的知识，就饲养宠物发表自己的观点，反驳他人的观点。

遵循英语学习活动观，基于教学目标，设计教学流程见图4：

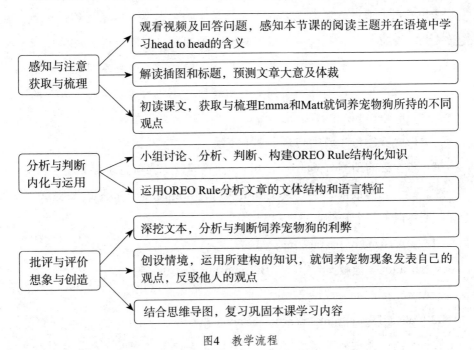

图4　教学流程

## （五）教学过程

### 1. 学习理解类活动

**第一步**：热身活动，播放视频片段、提问与回答（感知与注意）。

播放一段有关饲养宠物狗利弊的视频片段，设置问题链追问学生：（见图5）

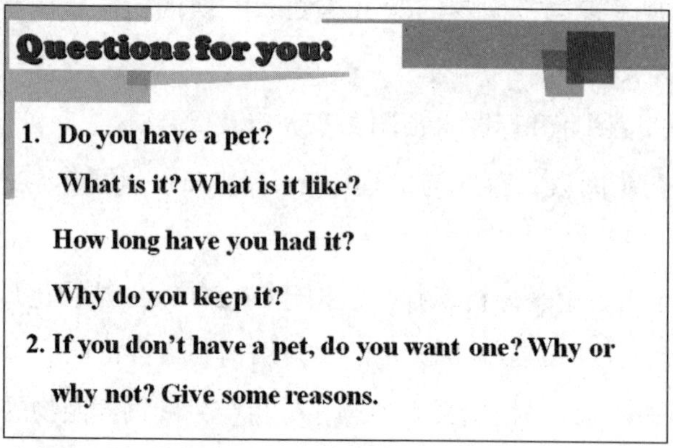

**Questions for you:**

1. Do you have a pet?

    What is it? What is it like?

    How long have you had it?

    Why do you keep it?

2. If you don't have a pet, do you want one? Why or

    why not? Give some reasons.

图5  问题

设计意图：通过直观的视频冲击，让学生初步感受饲养宠物狗的利弊，激发学生的求知欲和阅读热情；通过环环相扣的问题链，激活学生思维，让学生结合自身的生活经验畅所欲言、相互启发。同时，通过两种不同观点的碰撞，启发学生"凡事皆有两面性，不同的人对待同一事物的看法是各不相同的"，巧妙引出"head to head"的含义，帮助学生更好地理解文本内容。

**活动形式**：T–Ss（教师与多个学生互动）。

**第二步**：读前预测，读图、读题目、回答问题（感知与注意）。

在正式开始阅读前，引导学生观察阅读篇章的插图、标题及小标题，让学生尝试回答以下几个问题：

（1）What kind of passage may it be?

A .Narration（记叙文）        B. Expository（说明文）

C. Argumentation（议论文）

（2）What do you think the article is about?

**设计意图**：通过问题启发学生，让学生学会思考。同时，让学生结合文章插图、小标题及左右两栏排版的情况，对文章大意和体裁做初步预测，帮助学生打开思路，找准文章的定位，为接下来的阅读学习做好铺垫。

**活动形式**：T–Ss（教师与多个学生互动）。

接着，进一步追问学生：

（3）Who likes keeping a pet dog and who does not?

（4）Why is keeping a pet dog a good / bad idea?（见图6）

设计意图：培养学生在文中迅速捕捉关键信息的能力，帮助学生初步了解文章内容；激活学生思维，让学生初步尝试如何就某个话题发表自己的观点。

活动形式：T–Ss（教师与多个学生互动）。

图6　读前预测问题

第三步：扫读，阅读、填写表格（获取与梳理）。

引导学生阅读文章并填写表格，找出Emma 和 Matt 就饲养宠物狗所持的不同观点。（见图7、图8）

设计意图：通过初步阅读，引导学生获取与梳理Emma和 Matt就饲养宠物狗所持的不同观点；通过对比阅读，训练学生的比较思维能力。

活动形式：whole class/ S、T–Ss（全班学生独立完成，师生间互动）。

While-reading :
Read Emma's opinion and complete the table.

| | | | |
|---|---|---|---|
| Keeping pet dogs is______. | Dogs are_____.<br>We can learn _____.<br>A dog will _______. | It's nice to_____.<br>It's wonderful _____.<br>We have to ____.<br>Young people can learn ______. | I think__. |

图7 Emma's opinion（1）

Read Matt's opinion and complete the table.

| | | | |
|---|---|---|---|
| It is ____ to keep pet dogs. | Pet dogs are_____. | • They leave ______on the floor, on beds and on sofas.<br>• They need to ______ often. | I think_____. |
| | Dogs are____. | • Nearly all dogs bark at______.<br>• A few dogs bark__ and this stops people from ______. | |
| | Dogs need___ and large open spaces to____. But many people live in flat so their dogs are kept in small spaces. | | |
| | Owing dogs can be_______. | | |

图8 Matt's opinion（1）

**2. 应用实践类活动**

**第四步：**深度阅读，分析文体特征（分析与判断、内化与运用）。

首先，让学生在小组内讨论刚才填写的有关Emma's opinion和Matt's opinion的两个表格。结合所给的四个选项Opinion, Reason, Example/Fact, Conclusion分析、判断表格中的每一栏分别对应的是什么。（分析与判断）（见图9、图10）

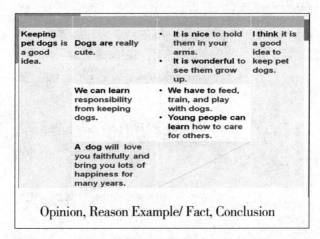

图9　Emma's opinion（2）

| | | | |
|---|---|---|---|
| It is not a good idea to keep pet dogs. | Pet dogs are dirty. | 1.They leave hair on the floor, on beds and on sofas.<br>2.They need to be washed often. | Keeping pet dogs is not a good idea. |
| | Dogs are noisy. | 1.Nearly all dogs bark at strangers.<br>2.A few dogs bark at night and this stops people from getting any sleep. | |
| | Dogs need fresh air and large open spaces to run free. But many people live in flats so their dogs are kept in small spaces. | | |
| | Owning dogs can be expensive. | | |

Opinion, Reason Example/ Fact, Conclusion

图10　Matt's opinion（2）

**设计意图**：让学生通过小组探究的方式，运用所建构的知识，讨论、分析、判断，培养学生的思维能力。

**活动形式**：whole class/ S、T–Ss（全班学生独立完成，师生间互动）。

接着，以结构图的形式给学生讲解OREO Rule 的具体含义。（见图11）

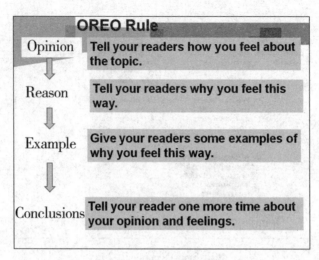

图11　OREO Rule 结构图

设计意图：借助结构图，可以更加简洁、明了地讲解OREO Rule的具体含义，为接下来的活动做好铺垫。

**活动形式：** T-Ss（教师与多个学生互动）。

最后，引导学生回归文本，按照OREO Rule结构图，小组讨论Emma 和Matt在"陈述观点"和"重申观点"时分别用了哪些句型，在列举原因时使用了哪些连接词，他们分别是如何举例论证个人观点的。同时，引导学生从文体结构方面分析语篇，让学生明白议论文通常由引论、本论、结论三个部分组成。（内化与运用）

设计意图：让学生以小组的形式合作探究，深挖文本，内化、运用OREO Rule分析文本的语言特点，了解议论文的谋篇布局、结构特点、语言特征，为后续的输出做好铺垫。（见图12、图13）

**活动形式：** Ss groups、T-Ss（学生组内讨论，教师与多个学生互动）。

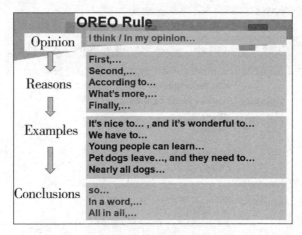

图12　议论文文体特征分析（1）

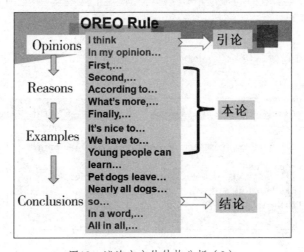

图13　议论文文体结构分析（2）

### 3. 迁移创新类活动

**第五步：**深度阅读，挖掘文本内涵（批评与评价）。

在学生深入理解文本信息之后，询问学生，After learning the article, whose opinion do you agree, Emma's or Matt's? Why? 同时，为学生提供句型支持，帮助他们表达对Emma或Matt观点的赞同与否，并提出自己的看法。

**设计意图：**引导学生就作者对待事物的态度进行分析、评价，学会思辨地看待问题；激发学生的发散性和批判性思维，为后续的辩论活动做好铺垫。（见图14）

**活动形式**：T–Ss（教师与多个学生互动）。

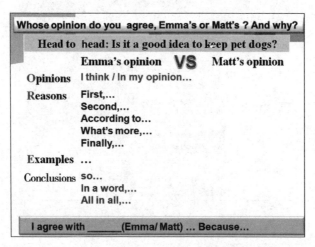

图14 评价作者对待事物的态度

接着，通过问题链继续追问学生。（见图15）

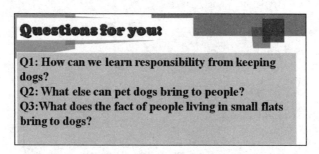

图15 超越文本的深层问题

**设计意图**：通过提问深层次的问题，帮助学生多角度、多方位地思考和解读文本，增加他们思维的广度和深度，培养学生的逻辑思维和批判性思维。

**活动形式**：T–Ss（教师与多个学生互动）。

**第六步**：创设情境，分析问题、解决问题（想象与创造）。

为了进一步引发学生对话题的思考，设置以下情境：假设你想饲养一只宠物猫，但是你的妈妈不同意。双方各执一词，互不退让。让学生以"Is it a good idea to keep a pet cat"为主题，按正方、反方自由组合展开辩论。

在辩论的过程中要求学生：第一，用OREO Rule "陈述个人观点、列举原因、举例论证、重申观点"的原则；第二，正确运用连接词；第三，尽可能多地陈述理由、列举例子。辩论结束后，按照评分表选出最佳辩手。同时，引导学生理性看待饲养宠物的现象，不可盲目跟风，帮助学生树立正确的价值观。（见图16～18）

图16 创设情境，展开辩论

| Who is the best debater? | | |
|---|---|---|
| 规则 | 标准 | 得分 |
| 使用OREO Rule | 1分 | |
| 正确使用连接词 | 1分 | |
| 陈述理由和例子的数量 | 1个1分 | |

**Rules:**
1. 先独立思考1分钟，然后讨论3分钟。
2. 讨论结束后，正方和反方分别就饲养宠物猫的利弊进行辩论。
注意：
请尽可能多地陈述理由和例子！

图17 辩论赛评分标准

# Homework

以 It is (not) a good idea to keep a pet cat. 为题，写一篇作文。

温馨提示：
1. 可以参照课本中的词汇与句型；
2. 按照 OREO Rule 结构来写。

图18 Homework

设计意图：让学生基于已有的知识结构，通过自主、合作、探究的学习方式，以辩论的形式，大胆发表自己对饲养宠物猫的看法，反驳他人观点。学生在语境中，综合运用语言技能，实现迁移创新，进行多元思维，提高自身的思辨能力，加深对主题意义的理解，实现深度学习。

活动形式：Ss groups、T–Ss（学生组内讨论、教师与多个学生互动）。

本课的课后作业，教师让学生结合课堂讨论内容，以It is（not）a good idea to keep a pet cat为题，结合课文内容，按照OREO Rule结构，写一篇作文。

设计意图：让学生学习、模仿、运用文本中的词汇、句型等表达方式，按照议论文的文体特征进行写作，合理、恰当地为后续的写作教学搭建结构支架，实现阅读与写作一体化，做到读中有写、写中有读，达到以读促写、以写带读的目的，有效提升学生的阅读和写作能力，促进学生多元思维发展，全面提升学生的英语核心素养。

活动形式：T–Ss（教师与多个学生互动）。

## 四、课例反思

本节课遵循了英语学习活动观，对文本进行了深入透彻的分析。教学中各环节环环相扣、层层深入，基本上实现了教学目标。

### （一）教学中的优点

### 1. 教学目标明确、具体

本节课遵循英语学习活动观，基于主题语境及议论文的语篇特征，设置了明确、具体，可操作性强的教学目标。教学过程紧紧围绕教学目标实施，教学活动基于文本，深入文本，超出文本，注重对学生的启发与引导。整节课层次分明，脉络清晰，目标达成度较高。

### 2. 充分发挥学生的主体作用

通过由浅入深的教学活动，引导学生通过观察、比较、分析、判断、归纳等思维方式学习并运用OREO Rule，帮助学生在思维过程中建立议论文的文体特征。同时，通过多种小组活动，引导学生通过自主、合作、探究的方式发现问题、解决问题，充分发挥了学生的主观能动性，锻炼了学生的思维能力。

### （二）教学中的不足

**1. 时间分配不合理**

本节课在时间上没有做好合理的分配，在应用实践类活动——分析文本特征与语言特点时花费的时间过多，导致后面的辩论赛时间过少，学生准备仓促，辩论氛围不浓，没有达到预期的效果。

**2. 问题设计不深入**

在读后的问题设计上，提出的问题不够深入，没有引导学生对作者的写作意图、主题意义等进行分析和推断，没有凸显思维的层次性。在教学中应深挖文本，分析、领悟作者的写作意图，设计有层次、有逻辑的问题，引导学生的思维由低阶向高阶稳步发展，培养学生的思维品质。

**3. 语言运用铺垫不够**

在读后的辩论赛中，创设情境，让学生就"Is it a good idea to keep a pet cat?"展开辩论，活动形式很好。但是，辩论时发现学生过多重复使用文中出现的词汇和表达，甚至还出现断片的情况。由于课堂辩论的特殊性，学生没有时间查找相关的词汇与表达，因此，在辩论前应给出相关的英文表达，帮助学生做好铺垫、搭好脚手架，让学生有话可说。

## 五、收获

通过英语学习活动观的学习，笔者意识到，在初中英语阅读教学中，教师应从基于语篇的学习理解类活动、深入语篇的应用实践类活动、超越语篇的迁移创新类活动三个维度进行教学设计，并在每类活动中有机融入语言知识学习、语言技能运用、学习策略应用、思维品质发展和文化意识培养，才能达到培养学生英语学科核心素养的目标。尤其是以下几点，尤为重要。

**1. 注重对文体结构的分析**

受传统教学理念的影响，在议论文阅读教学中，笔者过分重视词汇及语法知识教学，完全忽视了语篇教学，结果导致学生花大量时间去死记硬背单词、短语、语法，效果却不尽如人意。通过学习英语学习活动观意识到，在议论文阅读教学中，教师应基于主题语境，依托语篇，结合议论文的文体特征深入解读文本，让学生了解文章结构，厘清文章脉络，了解议论文的文体特征、写作手法、语言特征，明确作者的写作意图，真正领悟文本背后的深层含义。

**2. 课堂活动设计应体现学生的思维进阶**

在以往议论文教学中，笔者多以PWP模式为主，教学形式中规中矩，教学活动多是一些简单的问答、填写表格、选择、判断正误、复述等低阶思维活动，缺乏对学生能力及思维品质的培养。通过英语学习活动观的学习，笔者明白了阅读活动过程要体现由易至难、由浅入深、逐级递进的思维层次。应遵循学生的认知规律，为学生设计有情境、有层次、有实效的英语学习活动，将语言、文化、思维三者有机融合，建构新知，鼓励学生在活动中运用所学知识分析问题、解决问题，发展批判性思维，培养学生的英语学科核心素养。

**3. 课堂问题设置要有梯度**

学起于思、思源于疑、疑解于问，问题设计是组织阅读教学的中心环节。在教学中，可以通过设计具有层次性、关联性、逻辑性的问题，引导学生通过学习、思考、合作、探究的方式深层次地挖掘文本内涵，整合并运用已建构的知识去分析问题和解决问题，领会作者的写作意图及文本背后的深层含义；鼓励学生围绕有争议的话题有理有据地表达个人的情感与观点，培养批判性思维能力。同时，教师也要充分挖掘文本中积极的价值观，适时引导学生树立正确的情感、态度、价值观，以培养学生良好的品质。

附：

# HEAD TO HEAD

*Is it a good idea to keep pet dogs? Emma and Matt give their opinions on this matter.*

## Keeping pet dogs is a good idea, says Emma

Keeping pet dogs is a good idea. There are lots of reasons for this.

First, dogs are really cute. It's nice to hold them in our arms, and it's wonderful to see them grow up.

Second, we can learn responsibility from keeping dogs. We have to feed them, train them and play with them. According to my mum, this helps us become more responsible people. Young people can learn how to care for others by keeping dogs.

A dog will love you faithfully and bring you lots of happiness for many years.

So I think it's a good idea to keep pet dogs.

## Keeping pet dogs is not a good idea, says Matt

It's not a good idea to keep pet dogs.

Pet dogs leave their hair on the floor, on beds and on sofas, and they need to be washed often.

Dogs are noisy. Nearly all dogs bark at strangers. Some dogs bark more loudly than others. A few dogs bark all night. This stops people from getting any sleep. Not all dogs are friendly. A small number of pet dogs even attack people.

What's more, it's common for people to live in flats. They have no choice but to keep their dogs in small spaces. However, dogs need fresh air and large open spaces where they can run free.

Finally, owning dogs can be expensive.

So keeping pet dogs is not a good idea.

教材图片（八年级上册Unit 6 Pets中的Reading：Head to Head）

# 案例精选篇

案例篇部分精选了科普说明文、说明文和文学类（小说）三种语篇。每篇精选的教学设计案例都由背景、文本分析、学情分析、教学目标、英语学习活动观下的教学过程和自我反思六个部分组成。

# 科普类说明文语篇

## 一、标题

上海教育出版社义务教育初中英语八年级上册Unit 3 Computer 中的Reading Computer Facts。

## 二、教学设计

### （一）背景

**1. 主题语境**

本单元的主题语境是"人与社会"大主题下的Computers，而本节阅读课是单元主题语境Computer下的分支Computer facts。

**2. 语篇类型**

本节课的阅读文章介绍了计算机的发展史、功能和未来发展趋势，文体类型为说明文。

**3. 授课时长**

40分钟。

### （二）文本分析

**1. 主题和内容（What）**

本文主要介绍了电脑的外观和发展过程，电脑在我们的学习、工作和娱乐等生活中所起的重要作用和未来发展趋势三个方面内容，让读者了解电脑在人类社会中的重要作用。

**2. 主题和作者（Why）**

作者通过介绍电脑的发展，让读者感受到科技发展迅速；通过介绍电脑的作用来体现科技对人类的帮助和人类对科技的依赖；通过介绍电脑未来的发展趋势引起学生思考电脑可能给我们生活带来的影响，从而更深刻地了解电脑与人类之间的关系，思考科技的发展给人类社会带来的影响。

**3. 文体和语言（How）**

该文章是典型的说明文，文章结构明显，语言客观恰当，叙事符合学生的认知顺序和逻辑顺序。文中大量运用了举例子、列数据、类比法等写作手法，出现了较多的比较级，如smaller and better、bigger than、more than you realize、at a faster speed、do a better job等，清晰地展现事物的性质，让学生更形象地了解电脑的外观、用途和在发展中与人类的关系。

**（三）学情分析**

本班在过去一学年的英语学习中，学生的语言技能有所进步，但随着学习的深入、中考对学生逻辑性要求的逐渐提高，学生遇到了一些新问题。例如，学生对单一话题的认识只停留在课本内容上，相关拓展知识储备不足。在写作和口语表达等输出环节，学生对问题的阐述欠充裕，常停留在用一个简单句回答问题，或有观点却无理据支撑的层面。因此，本课从实际从出发，利用本单元"电脑"这一与学生的学习和生活密切相关的主题，让学生学会如何有效地描述身边的物品并学会思考这个物品对人类生活的影响。

**（四）教学目标**

本节课作为本单元的第一节课，定位在通过阅读激发学生的兴趣、引出单元主题、丰富话题知识。教学目标有六个：

（1）通过图片及教师的设问，学生能感知本节课的阅读主题并在图片的语境中学习核心词汇。

（2）通过看文章标题和小标题，学生能推测阅读内容及文章的文体。

（3）通过阅读，学生能获取文中的基本信息，如电脑的发展史、我们可以用电脑做什么、作者的观点等。

（4）通过思考是原文的结尾还是继续就第三部分话题展开论述好，学生能分析本文体裁特点，验证本课最开始通过标题猜测的文本体裁，同时培养学生的批判性思维能力，使其敢于质疑和创新。

（5）学生能自主构建思维导图并在思维导图的帮助下理解文章结构和复述

文章主要信息。

（6）学生能运用本课所学知识，借助图片所提供的关于手机的发展史，模仿本文的结构写一篇关于手机的说明文。

**（五）教学过程**

**1. 学习理解类活动**

**第一步**：热身活动。

通过谜语引出电脑这一话题，并展示电脑在不同发展阶段的图片——提问与回答（注意与感知）。（见图1、图2）

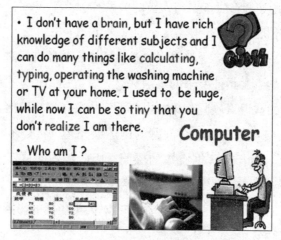

图1　谜语引出话题

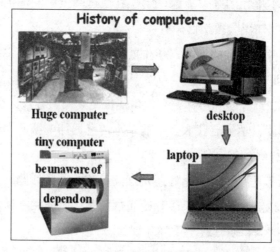

图2　介绍电脑的发展史

设计意图：本活动的目的是激活学生关于电脑背景的知识，激发学生学习的兴趣，引出主题Computers，同时也引导学生学习关键词汇，为后面的阅读扫清障碍。

**活动形式：** T–Ss（教师与多个学生互动）。

**第二步：** 预测。读图—读题目—回答问题（注意与感知）。

根据题目和小标题推测阅读文章的文本类型，预测阅读内容。（见图3、图4）

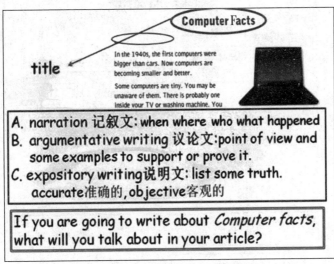

图3　根据标题推测文本类型

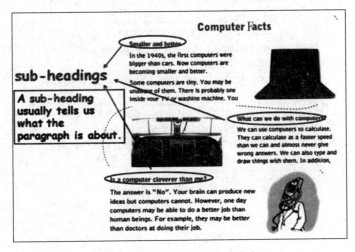

图4　根据小标题预测阅读内容

设计意图：通过让学生读题目和小标题，引导学生预测阅读文章的内容及文本体裁，引发学生进一步阅读的兴趣。

**活动形式**：Ss-T（全班学生回答教师的问题）。

**第三步**：分三部分阅读，阅读——回答问题（获取与梳理）。

通过分段阅读，引导学生完成表格、回答问题，获取文章信息及每段的大意。（见图5~8）

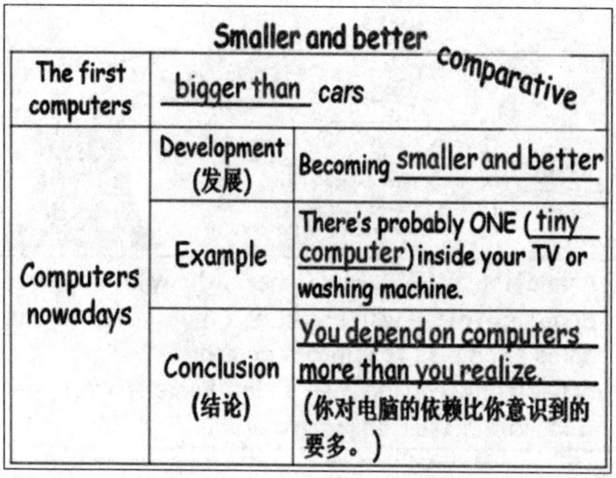

图5　第一段阅读理解题目

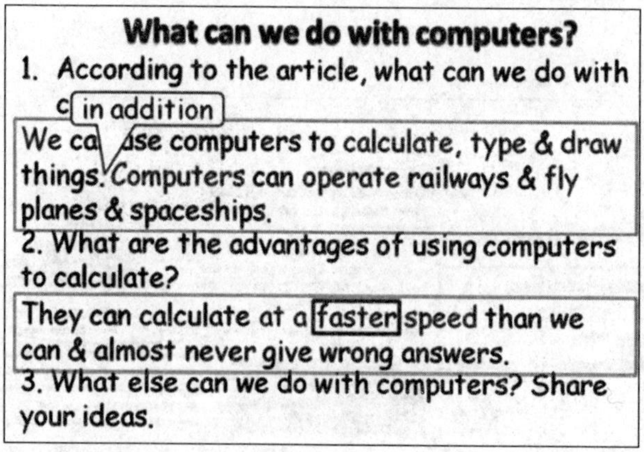

图6　第二段阅读理解题目

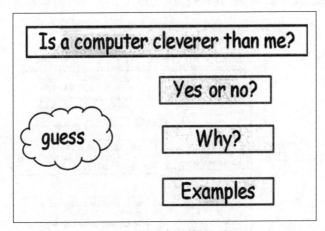

图7　第三段阅读前思考问题

| Is a computer cleverer than me? | |
|---|---|
| **Answer** | No. |
| Reason | Human brains can produce new ideas but computers cannot. |
| The future of computers | They may be able to do a better job than human beings. Example: They may be better than doctors at doing their job. |
| Problem we may face | We may have nothing to do. |

图8　第三段阅读理解题目

**设计意图**：这部分锻炼学生获取文章信息的能力。通过回答问题，可以检测学生预测的内容与所读内容的匹配度，提高学生对预测的重要性的理解，梳理对文章核心知识的理解。

**活动形式**：whole class、T–Ss（全班学生独立完成，师生间互动）。

**2. 应用实践类活动**

**第四步**：深度阅读、构建文章结构并复述，思维导图构建文章结构——口头复述（概括与整合，描述与分析）。

该部分是让学生整体阅读文章，理解文章的结构，利用思维导图mind-map

自主构建文章脉络图，再利用该脉络图描述关于电脑的基本事实，并注意形容词比较级的运用及适当使用衔接词，如in addition。（见图9）

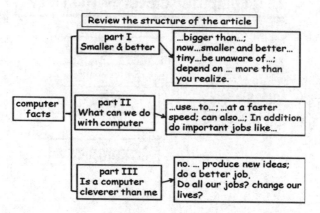

图9　阅读整篇文章，用思维导图构建文章脉络

**设计意图**：这部分内容设计有助于学生实现深度阅读。通过口头复述，可帮助学生描述、阐释与内化所学知识，并实现初步输出，为下一步知识的迁移做好铺垫。

**活动形式**：Ss groups、T–Ss（学生组内讨论，教师与多个学生互动）。

**3. 迁移创新类活动**

第五步：回答问题—批判性讨论—仿写（想象与创造）。

（1）通过问题链，引导学生思考文章的结尾是否需要变更、哪个结尾更好、为什么，引导学生思考科技发展给人类可能带来的影响，并通过对文章体裁的分析，掌握说明文的写作特点。（见图10）

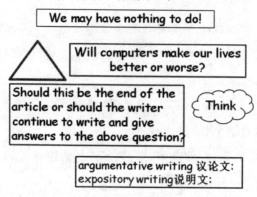

图10　思考文章结尾是否需要变更

（2）参照课文，通过已给出的关于手机发展史的图片和关键词，写一篇关于手机的说明文。（见图11、图12）

图11　写作要求

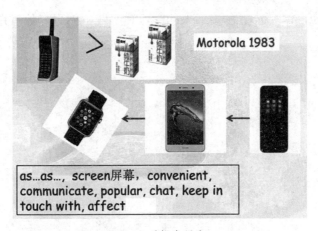

图12　手机发展史

**设计意图**：该部分可以帮助学生学会分析、敢于批评，同时学会在篇章中正确使用文章中学过的主题词汇、短语及句子，并正确运用说明文的格式。

**活动形式**：T–Ss，whole class（教师与多个学生互动，全部学生独自完成写作）（分析、批判与创造）。

**（六）自我反思**

任何一课都可以从侧重语言知识、侧重体裁分析、侧重阅读技能、侧重写作技能、侧重文化意识和情感态度五个方面中的任何一个方面进行文本解读和设计，而笔者选择了侧重体裁分析和写作技能两方面。笔者的教学目标引领着笔者整节课的教学设计，每一个环节都是围绕这一个目标进行的。文本的解读为学生的学习打好基础。在阅读阶段，笔者通过巧妙设计的问题，引导学生对相关语言知识引起注意，并穿插对文章结构和体裁特点的介绍。在读后阶段，设计真实的任务，让学生在实践中提高语言运用能力。在学生感知新语言知识后，让学生运用它，进一步熟悉它、记住它，然后创造性地使用它。

但是在初稿的教学设计中，笔者在"看标题预测"部分就给出了文章的结构图，而且文章只分三段读了一遍，把文章阅读设计为碎片化式的阅读，未能整进整出。符老师给出的意见是应当让学生整体阅读文章后自主地去构建文章结构，而不是在阅读前被告知，然后在思维导图的帮助下进行文章复述。在这次活动中，笔者最大的感触是阅读教学的设计要以培养学生的语言能力为宗旨，以具体的课堂活动任务为载体，以完成相应任务为动力，把语言知识和学习技能融为一体。希望在接下来的学习和实践中能更好地运用所学的教学方法。

# 文学类语篇

## 一、标题

上海教育出版社九年级上册Unit 7 The Adventure of Tom Sawyer中的 Reading：Tom Sawyer Paints the Fence.

## 二、教学设计

### （一）背景

#### 1. 主题语境

本单元的主题语境是人与社会的子主题群，文学下的分支——小说、文学名著。本单元以主题语境下的分支小说*The Adventures of Tom Sawyer*为话题，以Mark Twain的不同作品为主线。本节阅读课是*The Adventures of Tom Sawyer*第一章的简写版Tom Sawyer Paints the Fence。

#### 2. 语篇类型

本节课的阅读文章是世界名著《汤姆·索亚历险记》第一章的简写版，文体类型是文学（小说）类。

#### 3. 授课时长

40分钟。

### （二）文本分析

#### 1. 主题和内容（What）

本课是一则节选自Mark Twain的长篇小说*The Adventures of Tom Sawyer*的故事——Tom Sawyer Paints the Fence。这个故事主要讲述了Tom在担心被同伴嘲笑和不能完成漆栅栏的任务的双重压力下，机灵地设计了一个trick，让伙伴们对这项苦差事产生了浓厚的兴趣，并且争相用自己的宝贝来交换替Tom漆栅栏的机会。Tom运用计谋不露痕迹地完成了Aunt Polly的任务，得到了她的奖励，同时还额外得到了一堆宝贝。故事的情节精彩而且紧凑，学生通过阅读理解故事的情节发展，了解人物性格特征，体会著名小说家马克·吐温作品的幽默。

### 2. 主题和作者（Why）

小说原作是以密西西比河上某小镇为背景的少年读物，书中描写了淘气的Tom和他的伙伴们的许多故事，不少是作者马克·吐温的亲身经历，有许多合乎孩子心理的有趣情节。本章节的阅读材料充分体现了作者诙谐、幽默的写作风格。作者着重描写了Tom如何捉弄小伙伴Ben Rogers，展现了Tom欲擒故纵的手段。作者以欢快的笔墨描写了少年儿童自由活泼的心理，刻画了一个鲜活的主人公形象，让读者看到了一个clever and naughty的Tom Sawyer。

### 3. 文体和语言（How）

该文章按照小说情节发展的顺序展开，使用了故事叙述及对话体语言来推动故事情节的发展，符合小说的文体特征。文章用一系列的动作来描述汤姆心情的变化过程（如painted one board, surveyed his progress, sat down, began to think, knew, came along, made fun of him）。作者并没有用直接的语言告诉读者Tom设的圈套是什么，而是设置悬念，通过描写他的动作和与伙伴们的对话，把他是如何实施这个圈套的，一步步地展现在读者面前。作者巧妙地设计Tom和小伙伴们之间的对话，对话的内容完全符合现实中青少年之间爱攀比、爱炫耀、争强好胜的心理特点；用不同人物说的话刻画出不同人物的性格特征，凸显Tom的聪明与老练，与其他人物形成鲜明的对比，符合小说的创作特点。

### （三）学情分析

九年级的学生已有一定的英语基础和文学基底，能读懂一般的英文故事，但还不能深入阅读英语经典名著、体会其中真正的内涵。一是因为学生对国外文学名著接触不多，了解比较少，缺乏相关的背景知识。虽然很多学生看过《汤姆·索亚历险记》这本小说的简译本，但对英语版本比较陌生。二是因为学生深层阅读、读懂文学作品字里行间隐藏意义的能力较弱。

### （四）教学目标

本节课是本单元的第一节课，定位为文学欣赏阅读课，目的是激活学生的背景知识，帮助学生初步了解故事的情节，理解主人公Tom Sawyer的计谋以及他的性格特征。教学目标为：

（1）学生能通过阅读，获取原著书名、作者姓名、故事的主人公汤姆的性格特征等基本信息。

（2）学生能通过上下文猜测task, survey, deal, silence和短语in silence在文中的含义。

（3）学生能概括、梳理故事的脉络，能借用表格等形式厘清故事的情节及发展。

（4）学生能通过阅读文章描写的人物动作、对话等，归纳、推断故事中主要人物的心理和意图，分析人物的性格特征，并能发表自己的看法。

（5）学生能阅读后对本故事的结尾进行改写，假设汤姆的计谋被识破，将会发生什么事情；能根据对不同人物的性格了解，改写本故事的结尾。

**（五）教学过程**

**1. 学习理解类活动**

**第一步**：感知与注意，围绕主题创设情境，引出话题，铺垫语言。

展示马克·吐温经典小说的图片或书本，提问：Has anyone read these novels? Do you know who wrote these novels? What do you know about the author? What do you think of American life in the 1830s? Do you know the novel *The Adventures of Tom Sawyer*? Who is the author？检测学生课前预习作业（简单了解马克·吐温的生平材料）完成情况。

**设计意图**：激活学生关于世界经典名著、作家及写作年代等背景知识，激发学生的学习兴趣，铺垫词汇novel、writer、humorous等以及其他关键信息，使学生产生代入感，以便更好地理解作品。

**活动形式**：T-the whole class（教师与全班互动）。

**第二步**：阅读，读图、问答。

（1）预测。学生根据引言、标题和插图推测阅读文章的文本类型，预测阅读内容，回答问题：Who is Tom in the picture? What is he doing? What do you think is happening? What happened at last? 在语境中认读和理解fence, deal, survey, board等新词汇（注意与感知）。

设计意图：引导学生预测阅读文章的内容，引发学生阅读兴趣，同时为后面的阅读梳理一个简单的框架，引导学生学习关键词汇，为后面的阅读扫清障碍。（见图1）

活动形式：T–Ss（教师与多个学生互动）。

图1　汤姆的朋友在漆栅栏

（2）略读和概括。略读全文—段落大意—回答问题（获取与梳理）。

引导学生迅速略读文章，给文章梳理脉络；用表格的形式厘清文章的概要和段落的主旨大意，初步获取小说的关键信息。（见表1）

设计意图：检测预测的内容与所读内容的匹配度，提高学生对预测重要性的理解。通过活动，锻炼学生skim的能力，同时让学生利用填空练习获取并梳理文章的主要信息及段落大意，了解故事的基本要素。

活动形式：Ss（学生独立阅读）。

**表1　文章的概要和段落的主旨大意**

| Time | |
|---|---|
| Place | |
| Characters | |
| Plot | Beginning（Paragraphs _____）: |
| | Middle（Paragraphs _____）: |
| | Ending（Paragraphs _____）: |

第三步：深度阅读，问题链追问——提取和概括故事的发展（概括与整合）。

学生细读课文，梳理细节信息，认读和理解yard、progress、rest、think of、come along 等词汇。读懂故事的信息：What really happened? What task did Aunt Polly give Tom? Did Tom like the task? How do you know that? Why did Ben give the apple to Tom? How did Tom finish the task?

**设计意图：**学生通过动词分析人物的意图、性格等，实现与作者的深度对话，同时概括与整合文章信息，主动构建知识结构图。

**活动形式：**Ss-T（多名学生与教师互动）。

**2. 应用实践类活动**

**第四步：**实践与内化知识。

学生阅读文章中的对话，找出每一句话的说话人；推断说话人当时的真实想法和意图，分析人物的性格特点。学生分组、分角色表演对话，学会运用语调、情感等表现手法还原当时的对话情境。（见图2）

**设计意图：**学生分析人物之间的对话和人物的性格特征，推断每句话背后的真正含义，了解人物的心理和意图。教师指导学生注意语音语调、语气、表情、肢体语言等，分角色表演，以更好地理解作品。

**活动形式：**Ss pairs（学生两两表演）。

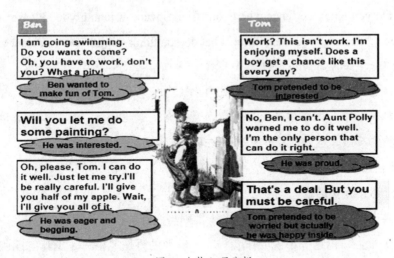

图2　人物心理分析

**第五步：**让学生基于主题与内容进行分析，表达自己的观点。

学生依据梳理和提炼的结构化知识，按顺序还原故事中的场景，合理展开分析和想象，描述和阐释主人公Tom的心情变化。（见表2）

表2　描述和阐释主人公Tom的心情变化

| When... | Tom felt/was... |
|---|---|
| he painted one board and surveyed his progress | Disappointed. |
| he thought about the games he wanted to play and his friends | |
| he had an idea | |
| Ben Rogers made fun of him | |
| Ben Rogers got more and more interested | |
| Ben Rogers took the brush from him | |
| other boys came along | |
| the fence had got three coats | |
| Aunt Polly gave him a big apply | |

　　学生尝试体验Tom在每个场景的内心与表情，并对他的形象表达个人观点。If you were Tom, what were you like when you were saying the sentences，and how would you paint the fence when your friends were watching you? Please act out the above scenes as if you were Tom. What do you think of him? Do you want to be a boy like Tom? Why or why not?

　　**设计意图**：学生依托语篇，通过内化文本信息，了解作者笔下不同人物的性格特征和形象，体察作者的用意所在，体会文章的妙处，深入体会文学作品的文本特征及语言魅力，提升自己的文学鉴赏能力。

　　**活动形式**：Ss groups（学生小组讨论）。

**3. 迁移创新类活动**

　　**第六步**：分析本文的形式与意义（批判与评价）。

　　（1）学生讨论这部小说的作者马克·吐温的写作风格——幽默与讽刺，分析并讨论写作手法及作品在现实生活中的意义。

　　（2）学生对作者的写作手法做出自己的评价。What do you think of the writing style?

　　**设计意图**：通过讨论和分析，学生了解不同的作者、不同的时代、不同的文化等创造出不同风格的文学作品。学生能抱着包容的心态去对待不同的作品，学会正确地审视作品以培养思维品质；从情感上得到共鸣或者理解，从而使情感得到升华、文学素养得到提升。

**活动形式**：Ss groups/ Ss–T（学生组内讨论/ 学生与教师互动）。

**第七步**：在新的语境中开展合理的想象与创造，实现知识的迁移。

Do you like the ending of the story? Let's try writing a different ending. What will happen if Tom's trick is found out? What would Aunt Polly, Tom and his friends say and do? 根据对不同的人物的性格了解，用100词左右的文字改写本故事的结尾。

**设计意图**：帮助学生学会分析、敢于批判，通过改写故事结局，学会在篇章中正确使用文章中学过的主题词汇、短语、句子及写作手法等，展开合理的想象并创作。在创作的过程中，感受文学作品的魅力，提升个人的文学素养。

**活动形式**：Ss（学生独立写作）。

**第八步**：Homework.

（1）请完善你的改写作品。

（2）阅读*The Adventures of Tom Sawyer*整本小说，完成一份读书报告。

**（六）教学反思**

**1. 践行英语活动观、合理设计文学欣赏课的重要性**

英语活动观下的文学欣赏课是一个慢养积累的过程，对学生的英语学习起着潜移默化的良好作用，学生可以在阅读中积累词汇，体验思想、情感、价值观等。好的文学作品能让英语学科充满浓厚的人文气息，其内容、思维和语言都不同于其他读物材料，特别能引起学生情感的共鸣。本节课能基于英语活动观合理地进行教学设计，积极培养学生阅读文学作品的兴趣，带领学生走进不同类型的文学作品，鼓励学生多进行整章、整本作品阅读。学生在阅读中明白了文学作品是源于生活、高于生活的，文学作品代表着作者的观点和态度、时代的背景、情感价值观。

**2. 上好英语活动观下的文学欣赏课对培养学生的思维品质的意义**

英语活动观下的文学欣赏课重点在于培养学生的思维品质，好的设计和实施能体现对学生逻辑性、批判性、创新性思维能力的培养。学生在完成阅读任务的活动过程中，剖析作品，与作品进行对话，体现了欣赏文学作品的方法和视野。本节课设计了分析人物对话、了解人物性格特征、推断作者写作意图及价值观等的活动，让学生走进作品，深挖文本，形成自己的看法。活动有层次、有梯度，层层深入探讨作品内涵，培养了学生的阅读素养和思维品质。

**3. 开展读写结合、以读促写活动，培养学生批判性、创造性的思维品质**

整节课中，学生从主题意义和主要内容、写作意图、文体和语言方面，深入了解文本，构建了合理的写作情节，为读后改写打下了基础。课堂的效果会受学生词汇量、学习基础、个人水平等因素的影响，有些活动不一定能完全达到预定的效果，尤其是在批判性思维的培养上，不是一节课就会有立竿见影的效果。所以，笔者在平时还要多上文学欣赏课，多摸索、多改善教学活动，才能让课堂的效果最大化。

# 参 考 文 献

[1] 张秋会，王蔷，蒋京丽.在初中英语阅读教学中落实英语学习活动观的实践 [J].北京师范大学中小学外语教学，2019（1）：3-5.

[2] 张俊国，胡晓英，李季，等.注重文本解读的高中英语阅读教学——以阅读课 "Strangers under the Same Roof？" 为例 [J].中小学外语教学，2019（4）：3-5.

[3] 张秋会，王蔷.浅析文本解读的五个角度 [J].中小学外语教学，2016（11）11-16.

[4] 中华人民共和国教育部.普通高中英语课程标准（2017年版）[M]：北京：人民教育出版社，2017.

[5] 人民教育出版社教材研究所，英语教材研究开发中心.普通高中课程标准实验教科书：英语 [M].人民教育出版社，2011.

[6] 胡壮麟.语篇分析在教学中的应用 [J].外语教学，2001（1）：4-5.

[7] 高洪德.英语学习活动观及其在英语教学中的实践 [J].中小学外语教学（中学篇），2018（4）：1-3.

[8] 王玉虹.高中英语课堂教学设计的几个误区 [J].中小学外语教学（中学篇），2007（4），24-26.

[9] 朱晓燕.英语课堂教学策略——如何有效选择和运用 [M].上海：上海外语教育出版社，2012.

[10] 鲁子问.英语教育促进思维品质发展的内涵与可能 [J].英语教师，2016（5）：6-12.

[11] 皮连生.学与教的心理学 [M].上海：华东师范大学出版社，2006.

[12] 邵宁宁.阅读策略在高中英语课堂教学中的有效渗透 [J].中小学外语教学（中学篇），2012（4）：1-7.

［13］（英）Christine Nuttall.外语阅读教学技巧［M］.上海：上海外语教育出版社，2002.

［14］张倩苇.概念图及其在教学中的应用［J］.教育导刊，2002，（11）：25–27.

［15］戴炜栋，何兆熊.新编简明英语语言学教程［M］.上海：上海外语教育出版社，2002.

［16］马广惠.英语口语体的语言特征分析——基于口语语料的研究［J］.南京：南京师范大学外国语学院，2004（10）：1–3.

［17］向琳.英文短篇故事在高中英语阅读教学中的应用研究［D］.重庆：重庆师范大学，2019.

［18］李培荣.略谈诗歌的文体特征［J］.渭南师专学报（自然科学版），1998（6）：46–48.

［19］梅德明，王蔷.改什么？如何教？怎样考？［M］.北京：外语教学与研究出版社，2018.

［20］王淑霞.例析初中英语诗歌教学中核心素养的培养［J］.教研园地，2017（26）：31.

［21］张惠娥.高中英语文学阅读"为思而教"的导学实践［J］.中小学外语教学，2015（7）：13–18.

［22］童庆炳.文学理论教程（第四版）［M］.北京：高等教育出版社，1992.

［23］郭立秋.高等教育版文学语篇的特征及其翻译策略［J］.语文学刊（高教·外文版），2008（3）.

［24］于志浩，柴香菊，陶珍利.文学视角下的英语教学研究［M］.中国书籍出版社，2016.

［25］贾正传.语篇分析在文学研究中的应用［J］.山东外语教学，1991，（2）：30–31.

［26］冒晓飞.基于核心素养的英语课外文学经典阅读教学［J］.中小学外语教学（中学篇），2017（10）：17–21.

［27］许颖，刘文.基于英语学习活动观的初中英语文学阅读教学实践［J］.中小学外语教学（中学篇），2019（11）：42–48.

［28］何泽.高中英语文学阅读教学行动研究［D］.上海：华东师范大学出版社，2017.

［29］王蕾.从综合语言运用能力到英语学科核心素养——高中英语课程改革的新挑战［J］.英语教师，2015（16）：6-7.

［30］陈琪敏.科普语篇在中学英语教材中的含量评估及思考［D］.上海：上海师范大学出版社，2011.

［31］林红.兼顾初高衔接和思维训练的科普文阅读教学［J］.教师，2015（26）：29-30.

［32］张志琼.浅议高中英语科普语篇阅读教学策略［J］.中国校外教育（中旬刊），2014（10）：86.

［33］徐静芳，高姿.英语学习活动观在高中英语文学作品阅读教学中的应用［J］.英语学习（教师版），2019（1）：18-21.

［34］刘小英.谈杜威的反思思维思想及其现实意义［J］.太原大学教育学院学报，2009（27）.

［35］何丽君.广东高考英语书信写作存在的问题及对策［J］.英语教师，2017（2）.

［36］徐玲.试论初中语文阅读教学整体阅读策略［J］.文教资料，2015.

［37］汪富金，宋顺生.基于学习活动观的高中英语阅读教学设计［J］.基础外语教育，2019（4）.

［38］章策文.英语学习活动观的内涵、特点与价值［J］.教学与管理，2019，（19）.

［39］周祥.英语学习活动观指导下的中学英语深层阅读教学实践［J］.英语教师，2018（2）.

［40］黄小华.基于行动研究的英语书信写作项目学习模式建构［J］.广东教育（综合版），2018（4）.

［41］王俊惠.高中生英语书信体写作能力的提升策略［J］.英语教师，2018（24）.

［42］王琦.以学生为中心的英语写作教学实验研究［J］.西北师范大学学报（社会科学版），2002（6）：184-195.

［43］杜兴飞.过程体裁法在初中英语书信写作教学中的应用研究［D］.兰州：
西北师范大学，2016.

［44］刘艳林，马月兰.英语议论文教学的问题分析及对策［J］.石家庄职业技
术学院学报，2002（1）：59–60.

［45］秦先艳.浅析高中英语议论文的语篇教学［J］.中学生英语，2014（3）：
19–20.

［46］刘艳玲.基于议论文文体的高中生英语阅读微技能培养［J］.甘肃联合大
学学报（自然科学版），2012（S2）：72–74.

［47］陈沂.解析The Secrets of Good Health的文体——兼谈英语说明文与议论文
的差异［J］.大学英语（学术版），2006（2）：353–355.

［48］丁往道，吴冰，钟美荪，等.英语写作手册（中文版，第二版）［M］.北
京：外语教学与研究出版社，2010.

［49］张凌敏.基于英语学习活动观的初中英语阅读课教学活动设计——以Unit
5 Section B Reading：Beauty in common things教学为例［J］.英语教师，
2018（14）：146–150，154.

［50］林文思.高中英语阅读教学中文本问题设计与思维能力培养［J］.福建教
育学院学报，2017，18（7）：93–96.

［51］朱旭彬.高中英语评判性阅读教学设问策略之探索［J］.中小学外语教
学，2012，35（8）：1–5.

［52］李晋霞，刘云.汉语故事语篇的结构与凸显等级［J］.语言研究，2017，
37（02）：9–16.

［53］李玉鸽.儿童文学［M］.北京：高等教育出版社，2016.

［54］郑再端.高中英语记叙文阅读理解教学探微［J］.中学教学参考，2013
（19）：108–109.

［55］王艳荣.记叙文的解读策略探析［J］.中小学外语教学（中学篇），2016
（11）：17–20.

［56］王树华.一般故事类课文怎么教［J］.语文教学通讯，2011（Z3）：114–
119.

［57］吴显友，刘士川.记叙文：体裁模式与文体分析——以格林的短篇故事为例［J］.重庆师范大学学报（哲学社会科学版），2009（4）：82-87，110.

［58］王蔷，陈则航.中国中小学生英语分级阅读标准（实验稿）［M］.北京：外语教学与研究出版社，2016.

［59］汪瑞林，杜悦.凝练学生发展核心素养，培养全面发展的人——中国学生发展核心素养研究课题负责人答记者问［N］.中国教育报，2016-9-14.

［60］叶丽英.从诗歌文体角度论诗歌教学方法［J］.基础教育研究，2016（10）：62-63.

［61］赵美玲.基于文体特征的初中英语诗歌教学实践［J］.中小学外语教学中学篇，2019（8）.

［62］陈娟.英文诗歌赏析式教学策略在初中英语教学中的实践探究以译林版8A Unit 7 Seasons Reading 1教学为例［J］.英语画刊（高级版），2018（16）.

［63］朱钰.英文诗歌在英语阅读教学中的应用［J］.才智，2015（31）.

［64］余文森.核心素养的教学意义及其培育［J］.今日教育，2016（3）：11-14.

［65］崔允.教师，请你先学会评价再来学上课［J］.江苏教育：小学教学，2013（6）.

［66］李功连.以文体为切入点，有效突破实用传记教学［J］.语文月刊，2009（2）.

［67］韩晗.略论传记文学创作的几点要素——兼评韩春萌对于当下传记文学创作状况的误解［J］.社会科学论坛，2005（7）.

［68］郑伯农.悄然勃兴的传记文学［N］.人民日报，2000-10-21.

［69］张洁宇.传记文学离不开虚构吗［N］.中华读书报，1999-06-30.

［70］中华人民共和国教育部.义务教育英语课程标准（2011年版）［M］.北京：北京师范大学出版社，2012.

［71］王丰艳，刘桂蓉，王蔷.初中英语分级阅读之科普类文本教学的实践与思考——以"阳光英语分级阅读"初二（上）"Blackbirds"为例［J］.英语学习，2018（2）：59-64.

［72］刘一诺.英语科普语篇的教学现状及对策［J］.教学与管理（理论版），
2013（3）：147-148.

［73］陈靖靖，王新国，陈俊.浅谈英语科普语篇的词汇衔接手段［J］.南昌航
空工业学院学报（社会科学版），2005（4）：85-87.

［74］陈芳.英语教学目标设计中存在的问题及对策［J］.中小学外语教学（中
学篇），2006（8）：12-14.

［75］梁美珍.高中英语文本处理阶段的问题类型及设计方法［J］.中小学外语
教学（中学篇），2011（4）：1-6.

［76］康瑛.高中英语阅读教学探讨——应用文文体的阅读教学探讨［J］.中学
生英语（高中版），2014（13）：13-14.

［77］周邦有.实用英语应用文大全［M］.合肥：中国科学技术大学出版社，
1997.

［78］高洪德.英语学习活动观的理念与实践探讨［J］.中小学外语教学（中学
篇），2018（4）：1-6.

［79］李留建，姚卫盛.例析英语学习活动观在英语教学设计中的应用［J］.中
小学外语教学（中学篇），2018（11）：49-53.

［80］夏桐枝.如何使英语作文语言得体［J］.大学英语，2007（3）：28-29.

［81］崔子龙.如何有效地进行高中英语阅读教学［J］.中学生英语·外语教学
与研究，2013（10）.

［82］义务教育教科书英语七年级上册［M］.上海，上海教育出版社，2014.

［83］义务教育教科书英语七年级下册［M］.上海，上海教育出版社，2014.

［84］义务教育教科书英语八年级上册［M］.上海，上海教育出版社，2014.

［85］义务教育教科书英语八年级下册［M］.上海，上海教育出版社，2014.

［86］义务教育教科书英语九年级上册［M］.上海，上海教育出版社，2014.

［87］义务教育教科书英语九年级下册［M］.上海，上海教育出版社，2014.

# ◀后 记

　　本书是我主持的广州市名师工作室的研究成果。之所以写这本书，一是想解决现在初中阅读教学中的一些问题，尝试在新《课标》理念下为初中英语教师提供新的理念与路径；二是借这个研究，带领队伍开展实实在在的教学实践与探索，促进他们的专业化成长。

　　《英语学习活动观下的初中阅读教学设计与实施》一书源于教学问题，又回归教学实践。本书通过大量的教学案例为广大初中英语教师呈现了在英语活动观指导下的具体、可操作的英语阅读教学设计过程，并且详细阐述了其中蕴含的教学思想。同时，每一篇案例中还详细介绍了不同文体教学中存在的问题，分析了不同文体的特征，如语篇特点、语言特点、文本特点等，还指出了教师在开展不同文体阅读教学设计时须关注与思考的问题，如根据学情选择适切的教学策略、制定明确的教学目标、设计有效的教学活动等。本书内容丰富翔实、表述通俗易懂，是初中英语教师在新《课标》理念下开展阅读教学实践的可贵尝试。

　　该书由本人设计、构思、审稿、反复校对等，各章节都体现了本人的教学思想。"前言""概述篇""后记"及"思考篇"中的部分内容由本人撰写，思考篇中参与编写的还有工作室成员及网络成员。参加编写的人员有吴靖文、江晓玲、隆峰、周欣、魏彬兰、曹媛、陈晓容、杜雪松和张亚平；案例篇中参与编写的人员有朱励君、刘德君和魏彬兰。

　　在本书的编写过程中，我们有幸得到了华南师范大学外国语言文化学院徐曼菲副院长、朱晓燕教授的精心指导，在此表示衷心感谢！

165

　　同时，感谢参与本书编写所有成员付出的辛苦劳动。特别感谢工作室学习委员周欣老师的倾力付出。

　　当然，由于我们水平有限，书中若有不当之处，敬请谅解，需要探讨的地方也请读者通过1205632964@qq.com邮箱与我们交流。

符丽雪

2020年5月